人生大学讲堂书系

人生大学榜样讲堂

财富精英的创富密码

CAIFU JINGYING DE CHUANGFU MIMA

拾月 主编

主　编：拾　月
副主编：王洪锋　卢丽艳
编　委：张　帅　车　坤　丁　辉
　　　　李　丹　贾宇墨

吉林出版集团股份有限公司
全国百佳图书出版单位

图书在版编目（CIP）数据

财富精英的创富密码 / 拾月主编. -- 长春：吉林出版集团股份有限公司，2016.2（2022.4重印）
（人生大学讲堂书系）
ISBN 978-7-5581-0732-0

Ⅰ.①财… Ⅱ.①拾… Ⅲ.①企业家－生平事迹－世界－青少年读物 Ⅳ.①K815.38-49

中国版本图书馆CIP数据核字（2016）第041345号

CAIFU JINGYING DE CHUANGFU MIMA

财富精英的创富密码

主　　编	拾　月
副 主 编	王洪锋　卢丽艳
责任编辑	杨亚仙
装帧设计	刘美丽

出　　版	吉林出版集团股份有限公司
发　　行	吉林出版集团社科图书有限公司
地　　址	吉林省长春市南关区福祉大路5788号　邮编：130118
印　　刷	鸿鹄（唐山）印务有限公司
电　　话	0431-81629712（总编办）　0431-81629729（营销中心）
抖 音 号	吉林出版集团社科图书有限公司　37009026326

开　　本	710 mm×1000 mm　1 / 16
印　　张	12
字　　数	200千字
版　　次	2016年3月第1版
印　　次	2022年4月第2次印刷

书　　号	ISBN 978-7-5581-0732-0
定　　价	36.00元

如有印装质量问题，请与市场营销中心联系调换。0431-81629729

"人生大学讲堂书系" 总前言

昙花一现，把耀眼的美只定格在了一瞬间，无数的努力、无数的付出只为这一个宁静的夜晚；蚕蛹在无数个黑夜中默默地等待，只为了有朝一日破茧成蝶，完成生命的飞跃。人生也一样，短暂却也耀眼。

每一个生命的诞生，都如摊开一张崭新的图画。岁月的年轮在四季的脚步中增长，生命在一呼一吸间得到升华。随着时间的推移，我们渐渐成长，对人生有了更深刻的认识：人的一生原来一直都在不停地学习。学习说话、学习走路、学习知识、学习为人处世……"活到老，学到老"远不是说说那么简单。

有梦就去追，永远不会觉得累。——假若你是一棵小草，即使没有花儿的艳丽，大树的强壮，但是你却可以为大地穿上美丽的外衣。假若你是一条无名的小溪，即使没有大海的浩瀚，大江的奔腾，但是你可以汇成浩浩荡荡的江河。人生也是如此，即使你是一个不出众的人，但只要你不断学习，坚持不懈，就一定会有流光溢彩之日。邓小平曾经说过："我没有上过大学，但我一向认为，从我出生那天起，就在上着人生这所大学。它没有毕业的一天，直到去见上帝。"

人生在世，需要目标、追求与奋斗；需要尝尽苦辣酸甜；需要在失败后汲取经验。俗话说，"不经历风雨，怎能见彩虹"，人生注定要九转曲折，没有谁的一生是一帆风顺的。生命中每一个挫折的降临，都是命运驱使你重新开始的机会，让你有朝一日苦尽甘来。每个人都曾遭受过打击与嘲讽，但人生都会有收获时节，你最终还是会奏响生命的乐章，唱出自己最美妙的歌！

正所谓，"失败是成功之母"。在漫长的成长路途中，我们都会经历无数次磨炼。但是，我们不能气馁，不能向失败认输。那样的话，就等于抛弃了自己。我们应该一往无前，怀着必胜的信念，迎接成功那一刻的辉煌……

感悟人生，我们应该懂得面对，这样人生才不会失去勇气……

感悟人生，我们应该知道乐观，这样生活才不会失去希望……

感悟人生，我们应该学会智慧，这样在社会上才不会迷失……

本套"人生大学讲堂书系"分别从"人生大学活法讲堂""人生大学名人讲堂""人生大学榜样讲堂""人生大学知识讲堂"四个方面，以人生的真知灼见去诠释人生大学这个主题的寓意和内涵，让每个人都能够读完"人生的大学"，成为一名"人生大学"的优等生，使每个人都能够创造出生命中的辉煌，让人生之花耀眼绚丽地绽放！

作为新时代的青年人，终究要登上人生大学的顶峰，打造自己的一片蓝天，像雄鹰一样展翅翱翔！

人生大学榜样讲堂丛书前言

　　生命如夏花般多彩绚丽，生活如山峦般催人攀登。历史的钟声在新世纪的节奏中激荡，成功的号角为有准备的人而吹响，稚嫩的新苗还需要汲取更多的阳光雨露，而榜样，正是新时代青年成长的指引，积聚力量的源泉。

　　时光暗淡了岁月的影子，却定格了幸福的记忆；历史风华了沧桑的背影，却铭记了伟人的足迹；时代没有挽留踟蹰的过去，却留住了奋进的力量。面对挑战，面对希望，面对成功，每一个饱含激情的青少年都会跳动着时代的最强音符，释放出自己的全部能量。但在很多时候，智者的提醒，成功者的引导，都会成为我们前进道路上的捷径。因他们曾经用一往无前的坚持丈量出生命的高度，用自身的人格魅力传播着人生的正能量，用锲而不舍的努力奏响了时代的最强音。因为他们满怀美好，积聚力量，从未停下奋斗的脚步……

　　榜样，如夜空中璀璨的群星，照亮我们前行的方向。榜样的力量是无穷的，以成功人士为榜样，可以找准人生的方向，收获成长的力量；榜样的力量是无穷的，古往今来，人类历史上涌现出了众多的成功人士，他们或睿智通达，或坚忍不拔，或矢志不渝，或勇于任事……这些成功人士犹如历史长河中的一颗颗明珠，绽放出绚烂夺目的光彩。

　　假如你的成长中缺少了你可以学习的榜样，一路上只有你自己摸索前行，生命该是怎样的艰辛困苦。父母给予生命，老师传授知识，榜样赋予理想。我们已经拥有了生命，掌握了一部分的知识，剩下的就是找一个敦促我们为理想前进的榜样，来填补成长的空白，培养健康的身心。

　　培根说过这样一句话："读史使人明智。"而历史，恰恰是由千千万万个杰出历史人物凝聚而成的。他们是某一个时代的骄傲，是一个民族的杰出灵魂。他们在自己的领域最大限度地发挥自己的灵性，守护着自己的理想，他们的名字将永远写在历史上……

因此，对于青少年来说，向榜样看齐不仅能够增长知识、了解历史、陶冶情操，还可以汲取这些成功人士身上的优秀品质，使自己变得睿智。尤为重要的是，当我们走近名人，感受他们的心跳，感受他们的高尚情操，感受他们永恒的精神力量时，你会在无形中重塑崭新的自我，让自己的意志更加顽强坚定、精神更加无私高尚、思想更加成熟出众。

很多当代思想家、教育家也都一致肯定，通过学习阅读人物传记，可以使青少年收获一个虚拟的"老师"和一个虚拟的"偶像"。这个"老师"可以扩展青少年的眼界、塑造青少年的心灵；而这个"偶像"可以引导青少年向名人学习，从而约束或改正自己的不良行为和不良嗜好……最终让青少年重新认识并规划自己的人生：激励自己，成长自己，升华自己！

本套《人生大学榜样讲堂》系列丛书包括《耀世名人的榜样力量》《时代先驱的求索道路》《文韬武略的沙场人生》《心灵导师的智慧人生》《文艺大师的情操风范》《科学巨擘的人生贡献》《医界英才的济世传奇》《探索英雄的传奇故事》《财富精英的创富密码》《精神领袖的人生坐标》10本书，精选在各个领域中颇具代表性的成功人士的成长故事，为青少年的成长提供精神的营养、榜样的启迪。通过阅读《人生大学榜样讲堂》系列丛书，青少年不仅可以开阔眼界、增长见闻，还可以从榜样的经历中汲取拼搏的激情，领悟人生的真谛。本套丛书将每个榜样人物深刻地解读，字字值得品味，篇篇引人思索，让读者与书籍进行一次心灵的对话。读榜样故事，与大师交流，那些成功人士将指引你把握命运，点亮你智慧的火种，指引你前进的方向，激励你奋进的步伐，成就你美好的未来！

第1章　创富大学心理课：破解财富的精神密码

第2章　创富大学行动课：行动让财富落到实处

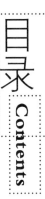

第 1 章

创富大学心理课：破解财富的精神密码

　　精神力量是一个人最庞大的财富，想要拥有精彩纷呈的财富人生，首先就需要具有创富的精神。财富精神是一个人的动力核心，它能改变一个人的价值观、信念、决策模式和行为方式，进而赋予创富的力量。

第一节　约翰森
——放弃就意味着失败

坚持才有希望

1927 年，美国阿肯色州的密西西比河大堤被洪水冲垮，一个 9 岁黑人小男孩的家被洪水冲走。在洪水即将吞噬他的一刹那，母亲用尽全身的力气把他拉上了堤坝。

1932 年，男孩小学八年级毕业，由于阿肯色州的中学不招收黑人，他只好到芝加哥上中学。可家里的生存条件不容乐观，根本没有能力供他去芝加哥读书。于是，小男孩的母亲当即做出一个惊人的决定——让男孩复读一年。

在这一年里，男孩的母亲给附近工厂 50 名工人洗衣服、熨衣服并做饭，就是为了攒钱供孩子读书。

1933 年夏天，家里终于凑齐了那笔血汗钱，母亲带着男孩踏上火车，奔向陌生的芝加哥。在芝加哥，母亲靠当佣人谋生，支撑男孩的学业，最终，男孩以优异的成绩中学毕业，后来又顺利念完大学。

1942 年，黑人男孩开始创办一份杂志，但由于缺少 500 美元的邮费，无法给订户发征订函。这时，有一家信贷公司表示愿意借贷，但有一个条件，必须有一笔财产作为抵押。结果，男孩的母亲用她一生最心爱的东西——曾分期付款好长时间买的一批新家具作为抵押，终于贷到这一笔重要的款项。

1943 年，黑人男孩的杂志取得巨大成功。男孩终于可以实现自己多年的梦想了，他把母亲列入他的工资花名册，并告诉她已经是退休工人，再也不用工作了。那天，母亲和男孩相拥而泣。

后来的日子里，男孩的经营曾经面临巨大的困难和障碍，男孩感觉形势已经无法挽回了。他十分忧郁地告诉母亲："妈妈，看来这回我真要失败了。"

"儿子，"她说，"你努力试过了吗？"

"试过。"

"非常努力吗？"

"没有。"

"那你应该非常努力地去试一试！不管任何时候，只要你努力尝试，就不会失败。"母亲果断地结束了谈话。

果然，男孩拼尽全力，最终渡过了难关，攀上了事业新的高峰。这位黑人男孩就是驰名世界的美国《黑人文摘》杂志创始人——约翰森出版公司总裁、拥有三家无线电台的约翰·H·约翰森。

约翰森的经历向我们证明：命运全在搏击，奋斗就是希望。失败只有一种，那就是放弃努力。如果成功是一场竞赛，那么挫折、困难、绝望将是最佳的赛前热身操。因为继续坚持的人将因此产生更超凡的力量，让自己成为每一场竞赛的最大赢家。

不放弃的法则

一、不畏惧失败

因为很多人做事，都是有始无终，刚开始冲劲十足，但到了中途便意兴阑珊。尤其是遇到了阻碍的时候，总是因不愿吃苦而退缩不前，缺乏坚忍的勇气。

成功秘诀就在于不怕失败，当心中想要做一件事时就会竭尽全力，根本不会想到有任何失败的可能性；就算失败了，也能立刻站起来，下更大的决心，继续向前奋斗，直到成功。

没错，具有毅力的人，就算不幸遭遇失败，也不会让失败成为终点，反而会在每次失败之后，怀抱更大的决心和勇气，重新振作起来，直到获得最后的胜利。

二、改变命运的结构

英国大文豪莎士比亚说："命运给我们自由发展的机会，只有当我们自己冥顽不灵时，我们的计划才会遭遇挫败。"

虽然命运可以影响人的一生，但你却可以改变命运的结构，把不好的"命"变成好的"运"，而其中关键在于你的选择。

三、坚忍不拔

世界上没有任何一种东西，比得上坚忍的意志。或许你有很多缺点，或许你没有好的家世背景，然而，只要你有坚忍的天性，这些因素都不会对你造成负面影响。因为困难不足以毁掉你的心，困难不足以冷却你的志。

所有令我们赞赏和惊叹的杰作，背后都有坚忍不拔的力量支撑。它能让石块变成金字塔，遥远的地方也能通过运河联系起来。假如一个人把锄尖和铁铲的每一下动作和整个工程及最后结果相比较，他一定会惊叹不已。可是那些微小动作，持续不断地坚持下去，终能克服大难题。

四、永不退缩

坚持是化解一切困难的钥匙，可以让弱者变成强者，无用变成有用，无论事情多么糟糕，它都能让你坚持下去，永不退却。

你有耐性吗？你能坚忍吗？当你想获得成功的时候，不妨多问问自己，如果能在失败之后仍然坚忍不拔，那么你至少成功了一半，剩下的就靠你的努力。

五、不放弃希望

挫折是人生中最痛苦的历练，不管是生意上的失败、感情上的创伤、成绩上的后退等，都会造成情感上的低落。如果自己不能有效化解这些痛苦的情绪，慢慢地自己就会陷入死胡同，失去斗志和生活的勇气。

现实的环境可以逼死一个英雄好汉，可是你果真愿意就此消沉下去吗？或许你有远大抱负，或许你有壮志雄心，只不过是暂时受挫，难道就要放弃自己的理想吗？

人一旦失去了希望，就什么事都不想做，而且什么事也都做不好。相反的，如果对未来抱有希望，再苦再累也能坚持下去。绝不放弃，才能走向成功。

六、愈挫愈勇

尽管希望能带给人们勇气和信心，但在现实生活中谁都不可避免地会遭遇很多挫折。假如不能愈挫愈勇，希望将永远落空。

七、避免挫折的方法

不要轻易向现实妥协；

不要轻率地放弃自己的理想；

不要担心自己能力不足；

不要烦恼，烦恼只能给自己带来压力；

不要太强迫自己的意志；

不要太在乎别人的看法。

把挫折当作是对自己意志的磨炼，不气馁、不认输、不妥协，只要你不放弃希望，美梦总有一天会成真。

八、勇于向命运挑战

你相信命运是冥冥之中早就注定的吗？如果相信，表示你缺乏面对的勇气，根本无法摆脱命运的束缚。

虽然人生中很多事都不是自己选择的，比如我们不能选择自己出生的家庭、不能选择自己的容貌、不能选择自己的才干，但是我们可以选择不向命运低头，顽强地与命运抗争。

挑战命运，只会让自己变得更好，可以规划自己的未来，做自己的主人；屈服命运，只会让你变得更糟，永远走不出阴影的笼罩，沦为生命的奴隶。

九、不向命运低头

命运不会带给人们不幸，反倒是自己的顺从和不努力才会使自己继续受困于命运的摆布。

美国思想家爱默生说："浅见的人相信命运，相信环境，他们以为是由于某人的名字，或者他在那时刚巧在那地方才会如此，若是另外一天便会变成两样。但强者却认为那是因果关系，任何事情都没有幸运与不幸的成功，仔细分析一切成败与得失，都只不过是一个数学问题，或是一个化学公式而已。"

你想摆脱命运的枷锁吗？首先就是别向命运低头，然后相信事在人为，只要肯做又能坚持，人人都能成功。

◎人物简介

约翰·H·约翰森，世界著名的美国《黑人文摘》杂志创始人、约翰森出版社总裁，并拥有三家无线电台。

第二节　李嘉诚
——童叟无欺的诚信生意

李嘉诚说过："要取信于人，建立自己的信誉。人无信不立，一个国家也是如此。过去如此，我相信，今后也还是如此。"诚信是一个人安身立命之本，是企业生存和发展的根基。一个人如果缺少了诚信，就会遭到朋友的离弃；一家企业若是丧失了诚信，就如同走上了绝路。

儒商由诚信累积而成

谈到李嘉诚，他更是把诚信看得比自己的生命还重要。李嘉诚不止一次强调诚信对自己成功的重要性。有年轻人曾经向李嘉诚询问成功的秘密，他不假思索地脱口而出"诚信"二字。

凭借"诚信"两个字，李嘉诚在国际上获得了"儒商"的美誉。人们相信李嘉诚的诚信，相信跟着李嘉诚不会吃亏，"李嘉诚"三个字就是金字招牌。

在创业初期，李嘉诚的资金十分有限，经常到捉襟见肘的地步。一天，一位外商想大批订购李嘉诚公司的产品，但是提出需要有资质的厂商进行担保，以防不测。因为一时无法找到让外商满意的担保商，迟迟不能达成实质的购货协议，这令李嘉诚头疼不已。在寻找担保商无果后，无奈的李嘉诚决定对外商坦诚相告。听到李嘉诚的解释后，对方很欣赏他的诚信，表示相信李嘉诚的为人，愿意和他签约。

出乎外商所料的是，李嘉诚居然拒绝了他，并且说，由于资金的匮乏，可能不能完成如此多的订货。

李嘉诚的自暴其短，让外商深受感动，他决定和这位有诚信的商人合作。为了帮助李嘉诚顺利完成订单，他甚至愿意预付货款。

凭借这次机会，李嘉诚扩大了生产规模，走上了香港塑料花大王的成功之路。

李嘉诚用自己的一言一行履行着自己的诚信原则，从而获得了巨大的商业机会。这个自称不适合经商的人，竟然在短短的几十年内迅速地成为香港首富，做出了全亚洲独一无二的大生意，并进入世界十大富豪的行列。没有人怀疑李嘉诚经商的天赋，但是李嘉诚的经历给予了我们更多的启示：诚信可以带来更多的财富。

有一年，李嘉诚打算把自己持有的香港电灯集团公司 10% 的股份在伦敦以私人的方式售出，引来很多的国际投资机构。一时间，李嘉诚和他的香港电灯集团公司同时登上了全世界各大财经媒体的头版头条，成为街头巷尾争相议论的焦点，全世界都在翘首观望李嘉诚在伦敦掀起的"金融风暴"。最后，有几家十分有实力的企业进入最终的竞标环节。当初的兜售价格也是水涨船高，一涨再涨，港灯集团坐收渔翁之利，将获得丰厚的利润报酬。李嘉诚的助手纷纷劝他暂缓出售，可以卖个更好的价钱。然而，李嘉诚却力排众议，坚持按照原来的价格将股份全部售出。李嘉诚说："有钱大家赚，别人也应该从中受益，得到好处。如果将好处全部占为己有，人家以后还怎么敢再跟我做生意嘛。"

即便如此，李嘉诚也从香港电灯集团的股份中收获了丰厚的报酬。李嘉诚一石二鸟，不仅赚取巨额利润，而且向全世界传达了一个讯息：李嘉诚是一个诚实守信的商人。

李嘉诚经常说，他在世界各地都有生意，而且每次做完生意之后，都会和客户成为朋友，而且有的客户还成为他的知己和事业上的左膀右臂。李嘉诚并不是为了做生意而做生意，钱对他来说算不上什么，如果一心只想着赚钱，李嘉诚可能早就坐上香港首富的位置了。对李嘉诚而言，诚信比任何东西都来得重要，因为如果想一直做个商人，并且想做个成功的商人，就必须树立自己的诚信作风，做一个言而有信、让人信得过的商人，这才是他真正的成功之处。

没有诚信则寸步难行

春秋战国时期有名的工匠鲁班，被后世誉为"木匠祖师爷"，由于具有化腐朽为神奇，巧夺天工的手艺而流芳百世。

相传有一年，鲁班接受了一项建造一座巨大宫殿的任务。建造这座宫殿需要许多木料，鲁班就让徒弟们上山砍伐树木。因为建造宫殿的木料要求非常考究，而且时间也很紧张，所以鲁班要求徒弟们一定要在保证木料质量的前提下，在一个月之内砍伐够所需的木料。

转眼就到月底，徒弟们见所需的木料距离师傅的要求还差得很远，都非常着急。有一位弟子就自作主张，把附近居民家里的次等木料拿来代替好的木料交差。在鲁班不知情的情况下，其中一部分木料就被用来建造宫殿。后来，鲁班得知此事痛心疾首、懊悔不已，马上解除了和这个徒弟的师徒关系。徒弟们大为不解，心想不过是几根次等木料，师傅也不至于不顾师徒情分。鲁班则告诉弟子："师傅一生中最看重的就是诚信，没有诚信则寸步难行。"

俗话说："百金买名，千金买誉。"人一旦失去了诚信，就等于失去了一切，就算想恢复自己的声誉，也会给自己的履历留下不光彩的污点，就好像溅上墨汁的手帕，无论多么用力擦去上面的污迹，也无法还原昔日洁白如玉的光彩。

只有真正认识到"诚者，天之道；思诚者，人之道"的道理，把诚信当作做人的根本要求，树立追求诚信的自觉性，才能奠定建立诚信的坚实基础。

◎ 人物简介

李嘉诚，汉族，长江实业集团有限公司创始人、董事局主席。1928 年生于广东潮州，1940 年为躲避日本侵略者，全家逃难到香港。1958 年开始投资地产。1979 年购入老牌英资商行"和记黄埔"，成为首位收购英资商行的华人。1981 年获选"香港风云人物"和太平绅士，1989 年获英国女王颁发的 CBE 勋衔，1992 年被聘为港事顾问，1993 年度香港风云人物，1995 年至 1997 年任特区筹备委员会委员，1999 年亚洲首富，2011 年工夫茶传奇故事入选国家孔子学院汉语外教文章。

2013 年《福布斯》全球亿万富豪排行榜，李嘉诚以 310 亿美元净资产位列全球第 8 名。并蝉联全球华人首富、亚洲首富。

第三节　卡洛斯
——不为别人的意见而活

被非议重重包围

人是具有社会性的动物，社会性让人从其他高等动物中独立了出来。作为社会性的动物，每一个个体都总是置身于一定的社会关系之中。以某一个人为一个中心节点，该节点向四面八方发散连结，同别的节点——其他人相联系。周围的所有节点均直接或间接地与中心节点相联系，仿佛一个恒星系般，这样的一个社会关系网络是一个球状的立体网络。处在这样一个网络中心的个人，一举一动总会牵动周围的节点，并受到周围节点的制约。

对于多数人来说，其举动不得不受到周围人的意见的影响，甚至完全顺从周围人的意见，他们不断调整自己的行为，以符合周围人的意见。这样的人，最终不会引起周围人的注意，因为他作为球状社会网络上的一个节点，他的行动由于顺从而不对周围节点产生牵制。这样的人，难以出人头地，因为一向循规蹈矩的他，总是被周围的节点遗忘，他自己会因此长期处于静态位置。这样的人，结果只有一个：原地踏步！

有的人一向都不安分于既定的球状社会网络位置，他们总是在运动着，并牵动着周围的节点。由于他的强势运动，周围的节点最终会为他让位，让他进入到一个新的位置。

这样的人，就是特立独行、不为别人的意见而活的人！墨西哥电信巨子卡洛斯就是这样的一个人。

卡洛斯还很年轻的时候，只是在投资上不断有所动作，虽然聪明的他渐渐让自己的钱袋子鼓了起来，但世人并没有注意到他。

20世纪80年代墨西哥经济危机中，卡洛斯趁机收购了大量的餐饮连锁企业和烟草企业，人们开始注意到了他。人们开始在问：卡洛斯是怎样在国家危难时赚到了钱？20世纪90年代，墨西哥金融危机又无情地肆虐起来。政府在重重债务压力之下，不得不把墨西哥电信公司卖掉。卡洛斯抢先一步从当时的总统处获得信息，并很快组织财团把墨西哥电信公司收入囊中。之后，这个原本如废物般的公司成了卡洛斯家族事业的摇钱树。这个时候，人们更加注意到了卡洛斯。人们在说：卡洛斯是在趁国家危难之时，大肆敛财！

当卡洛斯把一个个濒临倒闭边缘的公司收购过来，并进行一系列的整改时，大量的人员被迫离开原来的岗位。最终，公司的效益搞上去了，但墨西哥社会对卡洛斯则是批判声不绝于耳，说他是在榨取劳动人民的血汗。

总之，卡洛斯的钱包越鼓，他遭受的非议就越多！非议卡洛斯的人有平民百姓，当然也有政客。

早在卡洛斯于《福布斯》杂志上排名世界富豪第三时，墨西哥左翼总统候选人奥夫拉多尔就言辞激烈地批评道："为什么我们有一小撮人拥有如此庞大的财富，而大部分墨西哥人甚至还吃不饱，3000万墨西哥人每天的生活费还不到两美元呢？"很明显，这位候选人在指责卡洛斯这一类资本主义世界的垄断寡头！

在墨西哥，还有很多很多人和奥夫拉多尔一样，他们指责卡洛斯滥用垄断，阻碍国家经济正常发展，侵害消费者利益。他们中的一些社会学者甚至认为，卡洛斯是墨西哥贫富差距悬殊、缺乏竞争机制的社会矛盾的最好体现。

不善的声音不绝于耳

即使卡洛斯后来四处开展慈善活动，世人的言辞依然不那么友好，人们依旧找得到批评他的借口。

当卡洛斯向贫困儿童免费捐赠9.5万辆自行车、7万副眼镜，并为15万名大学生提供奖学金的消息传出来时，一些人对此大加赞赏，可一些人仍然嗤之以鼻。这些人认为，卡洛斯的慈善举动，全是为了美化其垄断寡头的形象。他们认为，卡洛斯向社会捐款，只是小范围地抛撒钱财，对社会并没有多大的益处。假如他适当降低一些服务，比如电信服务的价格，才能够让人们真正地获得应有的实惠。

另外也有很多人认为，卡洛斯虽然在做慈善事业，但同时也在不择手段地保护自己的垄断地位，他通过垄断获得的利润要比捐出来的钱多很多。

华盛顿欧亚集团的拉美分析专家帕梅拉·斯塔尔甚至毫不客气地说："卡洛斯·斯利姆可能是在散财，但他同样会竭尽所能保护垄断！"

种种不友善的声音不断地传到卡洛斯的耳朵里。

然而卡洛斯不为所动，他泰然处之，每天照计划做着自己该做的每一件事。

该管理公司时，他管理公司；打算去捐款时，他就去捐款。他是一个自由的人，他在由着自己的想法行动。

卡洛斯只为自己的思想而生，不为别人的意见而活！正如他曾经所说："当你为了别人的意见而活，无异于行尸走肉。我不需要考虑他人怎么看我。"中国有句俗话：走自己的路，让别人说去吧。此话放在卡洛斯的身上再合适不过！

◎人物简介

卡洛斯·斯利姆·埃卢，墨西哥电信巨子，毕业于墨西哥国立自治大学土木工程系，2010年3月10日美国《福布斯》杂志在纽约揭晓了 2010 年度亿万富豪排行榜，墨西哥电信大亨卡洛斯·斯利姆·埃卢以 590 亿美元资产，取代美国微软公司创始人比尔·盖茨成为新的世界首富。他名下企业的总市值占到目前墨西哥股市总市值 3660 亿美元的近一半，而其个人所拥有的财富总额相当于墨西哥国内生产总值的 8%。2011 年、2012 年、2013 年蝉联福布斯全球富豪榜首富，2013 年更是达到了 730 亿美元的资产。

第四节　普利姆吉
——财富要由自己一手创造

企业世家的出身让普利姆吉拥有成为优秀企业家的基因，也为其后来的发展准备了殷实的家底。普利姆吉正是在家族企业的基础上凭借自己的眼光、才能以及独特的个人魅力创造了自己的世界，也成就了自己的财富传奇。

青出于蓝而胜于蓝

尽管出身于富贵之家，但他却没有纨绔子弟的恶劣习性，普利姆吉继承了家族的产业并通过自己的努力将其发扬光大。

1945 年 7 月，阿齐姆·普利姆吉出生在印度孟买的一个企业家家庭。他的祖父白手起家，创办了当时印度最大的散装大米贸易公司。他的父亲哈萨姆·普利姆吉在他出生前的几个月里，创办了 Wipro 公司的前身——西印度蔬菜产品有限公司。这种巧合，不知是不是在向世人暗示，将来普利姆吉会带领这个刚刚创办的公司走向世界。

普利姆吉的父亲哈萨姆是位优秀的商业奇才。据说，巴基斯坦的国父曾经看中了他父亲的才华，在1947年"印巴分治"的时候，以巴基斯坦财务长的职位相邀，劝其移居到巴基斯坦，但是眷恋家乡的哈萨姆拒绝了邀请。

普利姆吉的父亲尽管是一位卓越的决策者，但并不是完美的企业家。他热衷通过游说印度政府让其减少对谷类产品的干预，他同时担任了好几家公司的董事，却不了解公司事务的细节，以至于公司内部管理混乱，到普利姆吉接手时已经到了破产的边缘。好在青出于蓝而胜于蓝，子承父业的普利姆吉不但继承了其父善于宏观决策的杰出才能，而且更胜一筹，对公司的管理事无巨细、事必躬亲，甚至在日后经营几万人规模的大公司时，他照样打理得井井有条。

尽管出身于富贵之家，普利姆吉却没有富家子弟的纨绔之气。他志存高远，忧国忧民，从小就表现出一般孩子少有的英雄气概。或许正是由于这一点，他的父亲暗自将4个孩子中年龄最小的普利姆吉选为家族企业的继承人。

从圣·玛丽中学毕业后，普利姆吉就被父亲送到美国斯坦福大学电子工程专业学习。当时的印度贫穷落后，人民生活处于水深火热之中，而美国的经济已经非常发达，到处都是繁华的景象。初次置身其中，普利姆吉被人口庞大、多灾多难的印度与繁荣富强、车水马龙的美国加利福尼亚之间的巨大悬殊震撼了，随即产生强烈的民族自卑感。这或许是每一个像普利姆吉一样来自不发达国家的人在美国所共有的感受。

很多人在这种自卑中扭曲了自己的人格，但是普利姆吉不会。

他素以天下为己任，这种自卑感只会促使他努力地进取。普利姆吉没有迷失方向，相反更加坚定了改造第三世界的信念，他有个梦想就是"担任世界银行决策者以发展第三世界"。假如不是父亲的突然去世，普利姆吉也许会投身于改造第三世界的活动之中，成就另一番事业。

创业难守业更难

在平时，英雄看起来几乎与常人无异，可是在危急关头，却可以尽显英雄本色。俗话说："穷人的孩子早当家。"许多著名的企业家都是白手起家，少年时便承担起家庭的重担。李嘉诚 14 岁的时候便靠做学徒养家，美国钢铁大王卡内基也是从 14 岁起就靠给电报公司当信差来生存。然而，出身于企业家家庭、"含着银匙出生"的普利姆吉却也早早地当家了，在 23 岁的时候便承担起经营并不景气的家族企业的重担。创业难守业更难，而把家族的基业发展壮大更是难上加难，所以，相比较而言，年轻的富家公子面临着比挣钱养家的贫家子弟更为严峻的挑战。

1966 年 8 月 11 日，是阿齐姆·普利姆吉永远不会忘记的一天。这天，正在斯坦福大学读书的普利姆吉接到了一个晴天霹雳的消息：父亲由于心脏病突然去世。如果不是自己最敬爱的母亲亲口所说，普利姆吉根本不敢相信这个事实。普利姆吉稍作安排便匆匆乘机返回家乡孟买。临行前，他希望能及时返回学校，继续还有半年就结束的学业。可是，普利姆吉怎么也没有想到，父亲的去世带给他的不仅仅是一次残酷的家庭变故，更是一次人生的转折。

早在普利姆吉被送往美国斯坦福大学工学院读书的时候，他就已经被父亲选为家族企业未来的接班人。然而，普利姆吉有着更为远大的理想：通过担任当时世界银行的决策者发展和改造第三世界。假如不是父亲的突然辞世，普利姆吉可能已经实现梦想，成为一个有作为的银行业巨子，而印度则会少了一名领导印度 IT 业走向世界的枭雄。

家庭的变故像是一双无形的大手突然改变了普利姆吉的人生航向。他不得不放弃自己的梦想，从父亲手中接过濒临倒闭的家族企业。

面对毫无生气的家族企业，研读工程学而没有任何商务知识的普利姆吉一片茫然。在形容当时的处境时，普利姆吉说道："这仿佛像被推进了一个游泳池。要想不被淹死在水中，你必须迅速学会游泳。"

即使这样，普利吉姆并没有灰心，而是迎难而上，破冰前行，经过努力，最终没有让家人失望，成就了让世界为之瞩目的伟大事业。

勤奋敬业、聪明好学的普利姆吉勇于接受命运的挑战和考验，他不但很快学会了"游泳"，而且成为一名万众瞩目的"弄潮儿"。正所谓"危难见英雄"，英雄都是在紧急时刻挺身而出带领众人走出困境的。受命于危难之中的普利姆吉，在挽救家族企业的命运中显示了他的英雄本色，为家族企业带来了无尽的生机和活力。现在他的企业 Wipro 公司已经是印度甚至亚洲最好的技术服务企业，普利姆吉本人也因为为印度 IT 行业做出的巨大贡献而被称为"灯塔"。

◎人物简介

印度软件业巨富阿奇姆·普利姆吉在 20 年前还只是卖食用菜油的无名小辈，现在他的公司有 2 万多名员工，微软、索尼和诺基亚这些世界级的公司也成为他的战略伙伴。普利姆吉不喜欢出风头，但他却以诚信严谨受人尊重。在别人眼中，他具有多重性格：有时让人觉得不苟言笑，但有时他又风度翩翩，落落大方；他生活节俭，精打细算，但他办事情出手大方，一掷千金；他老成持重，但他又干劲冲天；他不喜欢交往，但却喜欢向部下提问题，并希望得到解决问题的办法。

第五节　雷石东
——我有执着的竞争精神

坚持是财富路上的唯一捷径

维亚康姆集团是美国第三大传媒公司，包括拥有 39 家地方电视台的电视集团、制作节目超过 55000 小时的派拉蒙电视集团、成立于 1912 年的派拉蒙电影公司（其库存影片超过 2500 部，包括《星球大战》《阿甘正传》《教父》《碟中谍》《泰坦尼克号》等经典影片）。

有人问维亚康姆集团董事长雷石东有多富，他回答说："非常、非常富，也非常、非常棘手。"

82 岁的雷石东拥有维亚康姆 70 亿美元的股份，他依然密切参与管理自己的财富，以及管理这笔财富背后的巨无霸企业。倒不是两者很容易区别开来，因为在竞争激烈的高科技媒体领域，维亚康姆经受了不少企业风暴。当然更重要的是，不停地壮大他的财富帝国的雄心，这份雄心让他在面临灾难的时候能够激发出坚强的意志。

1979 年，在波士顿考普利广场酒店发生了一场大火，雷石东在这场火灾中受到严重的烧伤，全靠悬在窗台上才幸免于难。他的身体有 45% 的部位被烧伤，当他的身体着火时，他始终不放弃生的希望，足有 15 分钟都不放手。在营救人员够着他的时候，他的手腕几乎要被火烧断了。

当人死里逃生的时候，许多人可能会对生命有了新的看法，他们选择放慢奋斗的步伐。但雷石东却没有这样，他继续进行事业上最大的几笔交易，包括收购哥伦比亚广播公司（CBS，美国三大电视网之一）。由此可见其追求财富的雄心。

雷石东说："我有一种执着的竞争精神，我不知道那是家族遗传还是环境造成的。谁在乎这些？那就是我。"

不管怎样，在这种决心的推动下，他获得了哈佛大学的奖学金，取得了法律学位，发明了多厅影院，建立了维亚康姆，还有很重要的——雷石东媒体帝国的分支机构，覆盖全球7.8亿家庭观众，拥有美国的两个电视网：哥伦比亚广播公司和派拉蒙电视网，众多的有线频道，还有西蒙与舒斯特出版公司。

像雷石东一样，很多亿万富翁们在有了很多钱以后，并没有功成身退，整天只管打高尔夫球；他们不买私人飞机和豪华轿车。他们的理由就是"绝无可能放慢追求财富的脚步"。

俗话说，只有想不到的事，没有干不成的事。但是事实上，我们的习惯是说了不做，或者是说得多做得少。对待财富也是如此，精神上的畏缩让人没有信心和勇气去追求金钱。众多的亿万富翁都在执着地渴望证明自己在社会中的成就和地位。一般来说，成为亿万富翁的关键，是拥有获得成功的坚韧不拔的决心。

把钱看作自身价值的象征

一位哈佛大学的成功人士告诫人们："要渴望赚钱，不挥霍或将它留给后人，而要把钱看作自身价值的象征。所以你的钱永远赚不够，因此没理由停止追求更多的财富，就算困难重重也要继续前进。你通过金钱寻求安全感，这是一种金钱永远无法满足的、心理上的安全感。"永远赚不够，这就是财富哲学中所包含的智慧所在。

实现财富的梦想，除了雄心之外，还要有把致富欲望转化为致富目标的坚韧意志。让任何诱惑都改变不了既定的目标，任何困难都阻挡不了致富的步伐。在充满荆棘和坎坷的道路上，只有不畏艰难、向着目标不断迈进的人，才能使致富的心愿变成事实。

◎人物简介

传媒传奇——萨默·雷石东，他是全球最大的传媒娱乐公司总裁，从维亚康姆、派拉蒙、CBS 到 MTV；从《阿甘正传》、《勇敢的心》到《泰坦尼克号》；从二战英雄到传媒骄子，他的人生充满传奇色彩与战斗的气息。他掌管着全球最大的传媒娱乐公司，他是当今世界传媒业最富有、最成功的创业者，有"传媒帝王"之称。

第六节　卡内基
——感恩之心可以创造财富

感恩的心需要从小培养

卡内基的童年是不幸的，但他的亲人，尤其是母亲给了他无微不至的关爱。父亲经营纺织厂，产品销往世界各地。母亲玛格丽特·卡内基以缝鞋为副业，工作场所设在家中的二楼。母亲的眼光非常敏锐，她深受卡内基的尊重和邻里的敬爱。每当母亲工作繁忙时，卡内基总在一旁帮忙穿针引线或是照料襁褓中的弟弟。为了帮助家里减轻负担，每天一大早卡内基就起床，去水井边排队挑水，来回几趟，方才吃早饭、上学。后来，由于新兴机器纺织企业的排挤，一家人只好漂洋过海移民美国。

而移民美国，成为成就卡内基"钢铁大王"称号的第一步。

1848 年，卡内基的姑妈从匹兹堡寄信告诉他们，那里的工作机会很多。当卡内基的母亲执意要离开家乡时，镇上所有认识她的人都流着眼泪挽留她。但她决定做的事任何人都无法阻止。全家人都想去美国，但无法凑齐路费，何况去了陌生的国度，以什么为生？但为了孩子们的前途，卡内基的母亲力排众议，毅然卖掉了房子、纺织机及一切家具什物。就算这样，一家人还是无法成行，母亲的好友倾囊相助，将自己的私房钱共 20 英镑拿出来支持他们。

推让再三，母亲只好感激地收下了，并坚持在有能力偿还时一定要偿还。后来到了美国，母亲从卡内基的工资（他已经在电报公司上班）和自己做零工的收入中积攒下来一些钱，终于偿还了这笔债务。从母亲的身上，卡内基很早就懂得了知恩必报是道德的底线。

在去美国的船上，许多人都晕船，躺着动弹不得。身体健康的卡内基非常懂得感恩，他争着帮助船员做一些杂事，如打扫、送饭等，为此，他享受到了一般旅客所没有的特别餐点。

经过费城再到匹兹堡有一条捷径，但需要很多钱，而通过北部的迂回路线，路途较远但花钱很少。为了节约，母亲果断地决定，绕经北部。

在陌生的匹兹堡，善良的舅父在美国经营一家小型杂货店，他十分照顾卡内基一家人，他把租来的楼房的第二层让给卡内基一家居住。在一家人日子过得艰难的时候，舅父把自己所购下的房子卖给他们，并且允许他们分期偿还房款，同时还引荐卡内基到朋友的电报公司上班，帮助他迈出了走向社会的第一步。

对于这么多好心人的帮助，母亲玛格丽特一直教导卡内基一定要懂得感恩，要想方设法报答他们的帮助。从童年开始，母亲就给了他感恩的教育。

感恩教育是一项长期而需要耐心的工作，我们必须在点滴的日常生活中学会"感恩"，在享受别人通过付出给自己带来快乐生活的同时，也要关爱别人，用良好的行为来回报社会。

最好的感恩是报答

卡内基是一个知恩图报的人。对于母亲，按照东方传统的说法，他可以说是极尽孝道。母亲不仅生养了他，还下定决心让全家移民美国，在最困难的时候，是母亲央求她的亲人或朋友支持卡内基。当卡内基找到工作的时候，母亲帮助他省下能够省下的每一美分。

1856 年，卡内基的朋友斯考特劝说他买下 10 股共计 600 美元的股票。对于全部积蓄只有 50 美元的卡内基来讲，这可是一笔巨额投资！但母亲听到儿子的计划以后，第二天一早就动身前往俄亥俄州的东利物浦，拜访了经营庞大不动产兼投资副业的胞兄，把住宅作抵押，借得 500 美元。

这是卡内基生平第一次投资，年底就获得了丰厚的回报。是母亲让他迈出了"资本主义"的第一步。

上班后，卡内基只有一件衬衫，母亲必须每晚等他睡下之后，赶忙把它洗净、晾干、熨平，以便第二天他能再接着穿。母亲一天要工作 16~18 个小时。卡内基一生最感激的人就是母亲，当卡内基的收入提高到月薪 20 美元时，就让母亲把兼职辞掉。在获得铁路公司高级职员的职位后，卡内基马上让母亲搬家，在高档社区为母亲寻觅了新家。当经济条件改善之后，卡内基就陪同母亲一道回故乡省亲。只要取得点滴成就，和卡内基一起出现在公众场合的总是母亲。他时常带着母亲一起旅游，英格兰、欧洲……他甚至在只身旅游时，也不忘给母亲写信，告诉母亲当地的风土人情。卡内基对母亲非常好，直到 1886 年母亲过世。

除了母亲，卡内基报答了所有帮助过他的人。小时候，教授历史的叔叔非常关心他的成长，卡内基念念不忘，刚到美国，他就给叔叔的儿子乔治写信，介绍所在城市的情况。后来，卡内基将乔治带到钢铁公司，乔治成为他不可缺少的左膀右臂。

卡内基在电报公司上班不久，就升职成为记账员。一位同事告诉他，现在已经流行增减和损益记账法，在同伴的鼓舞和撺掇下，大家一起参加了复式会计学习班。这为卡内基日后的企业经营补上了重要的一课。当然卡内基也不会忘记这些"死党"，实际上，钢铁公司的重要职位都是他的这些"死党"们在担任。

正是这种感恩的心，让卡内基获得了源源不断的、死心塌地为他卖命的人才，帮助他做大了钢铁王国。

做人要保持一颗感恩的心。父母给予了我们生命，让我们健康成长，对我们有养育之恩；师长给了我们许多教诲，让我们抛却愚昧，学会思考，在工作的过程中实现自我；兄弟姐妹让我们不再孤单；朋友给我们友爱，提供及时有效的帮助。我们应该对这一切心存感恩，用自己的实际行动来报答那些关心和帮助我们的人，让世界变得无比温暖，让人类充满关爱和互助。

回报社会的感恩

一个企业家要有社会责任感，一个平凡的人也需要社会责任感。只不过表达的方式不同：企业家可以用大额的捐赠来表现，普通人也可以通过"做义工"等方式来表达对社会的感恩。但实际上，每个人只要努力工作，心怀感激，善待身边的人，其实也就是一种平凡的感恩了。

卡内基 13 岁就移居美国，没有受过什么教育，他的成长和进步在于美国社会的帮助，在于自己的不断自学。进入电报公司后，卡内基在跑腿送电报之余，很想多读点儿书来充实自己。但是，当时他们一家人连生活都很困难，哪里有多余的钱买书呢？

有一天，他在翻阅报纸时，发现了一条消息：退役的詹姆士·安德森上校愿意把家中所藏的 400 册图书借给好学的青少年们。每逢星期六可以到他家借一本书，一星期后归还，再换借另一本。

于是，喜出望外的卡内基找到上校的家借到了自己心爱的书。从此每到星期六，他都能和一个崭新的知识世界接触了。

后来，上校看到借书的少年日益增多，决定办一个私人图书馆。他到纽约添购了各种书籍，扩大了自己的书斋，又向市政府借了一间房，成立了一家真正的图书馆。

在安德森图书馆，卡内基不但阅读到许多好书，还养成了喜爱读书的习惯。安德森使他在人生的黄金时期有了读书的机会。

对此，卡内基没齿不忘。事业成功后，为了报答安德森先生的帮助，卡内基在其私人图书馆的原址修建了大会堂和图书馆，并立碑纪念这位恩人。

在镶嵌在墙壁中的铜制纪念碑上，镌刻着"献给宾夕法尼亚免费图书馆捐献者詹姆士·安德森上校。他赐予众多青少年求知的机会。此纪念馆，乃勤勉少年安德鲁·卡内基，为感怀其深思大德而建"的字样，卡内基对安德森先生和他的图书馆的感激之情可见一斑。

是公共图书馆给了卡内基成长的机会，因此，卡内基自 1881 年起，将工厂全部卖掉，致力于散财为社会谋福利，向文化教育公益事业捐资超过三亿五千万美金，其中主要的捐赠在图书馆建设方面，单在美国、加拿大和英国捐建的图书馆就达到 2504 座。卡内基具有一颗感恩的心，力所能及地帮助那些贫穷的、默默无闻的人。实际上，只要社会多一份关爱、多一份感恩，每个人成功的因素就会增加许多。

◎人物简介

美国"钢铁大王"安德鲁·卡内基（1835 年 11 月 25 日～1919 年 8 月 11 日），在美国工业史上，写下永难磨灭的一页。他征服钢铁世界，成为美国最大钢铁制造商，衣锦还乡，跃居世界首富。而在功成名就后，他又几乎将全部的财富捐献给社会。他生前捐赠款额之巨大，足以与死后设立诺贝尔奖的瑞典科学家、实业家诺贝尔相媲美，成为美国人民心目中永远的英雄和个人奋斗的楷模。

第2章

创富大学行动课：行动让财富落到实处

当你制定自己的致富目标，并做出具体的规划后，最重要的是将自己的目标和规划付诸行动，否则一切都是妄谈，所有的目标和行动就会像一朵不结果实的花朵一样，华而不实，毫无用处。所以，如果你想成为富人，需要从今天开始就采取行动。

第一节　藤田
——让想法和行动统一步调

用行动说话的人

日本的麦当劳店加起来有 1.35 万家，每年约有 40 亿美元的收入。这是一个数字的传奇，而创造这个数字传奇的人是一个名叫藤田的日本人。

藤田毕业于日本早稻田大学经济学系，毕业之后在一家电器公司打工。后来，藤田看到了麦当劳的无限商机，于是决定贷款经营麦当劳。但在日本要取得特许经营资格是需要具备一定的财力和特殊资格的，这对于两手空空的藤田而言可以说是一个不小的门槛。

150 万美元现款和一家中等规模以上银行信用支持的苛刻条件顿时把藤田挡在了门外。尽管只有不到 5 万美元存款，但藤田还是决定要不惜一切代价在日本创立麦当劳事业，于是他绞尽脑汁地东挪西凑起来。

几个月下来他只借到了 4 万美元。然而藤田是一个永不服输的人，他决定向住友银行贷款。

银行总裁接见了藤田，听完他的自我介绍，总裁说："你只有 5 万美元，拿什么做抵押，我凭什么相信你呢？"

"那 5 万元是我 5 年来按月存款的收获。"藤田继续说道，"5 年里，我每月坚持存下 1/3 的工资，从来没有间断过。5 年里，不管我的处境多么尴尬，我从来没有动过存款里的一分钱，哪怕我四处贷款也都要保证每个月存进去固定的钱，这是我增加存款的唯一办法。在我跨出大学校门的那一天我就立下志愿，在以后的 10 年里，我要存够 10 万美元，然后开创自己的事业。现在机会来了，可是我的钱还没有存够，所以我来贷款，因为我的事业必须现在就开始了……"

藤田的话让银行总裁非常震惊，他向藤田问明了他存钱的银行地址，然后对藤田说："你先回去吧，如果我决定了，下午就会给你答复的。"

银行总裁来到藤田存钱的银行，向柜台小姐询问藤田的事，柜台小姐说："他是我见到过的最有毅力的年轻人。5 年来，他总是准时来我们这里存钱。我们这里的每一个人都非常佩服他！"

总裁回去后马上给藤田打了电话，告诉他住友银行可以毫无条件地支持他创建麦当劳事业。藤田追问了一句："请问，您为什么决定支持我呢？"

总裁在电话那头感慨万千地说："我再有 2 年就要退休了，论年龄，我是你的两倍，论收入，我是你的 30 倍，可是，我的存款却还没有你多……好好干吧，年轻人，我相信你以后会有出息的！"

人生的传奇是需要从小事做起的，想是一回事，做又是另一回事。藤田就是一个用行动说话的人。当机会来了的时候，我们一定要想方设法地抓住它，而不要让机会从身边溜走，能够把一件小事坚持做到底的人，一定能够成就非凡伟业。

很多白手起家的人都这样说："你必须能够看到它，然后你必须相信你能抓住它。"

相信自己有能力获得成功是非常巨大的精神力量，它可以解释各经济领域中人们行为的变化。同时，相信自己又直接取决于对有利机会的认识。

合理的去"非分之想"

为什么有那么多人在创业之初的一两年中就失败了呢？其中必定有机会方面的问题，大多数做生意的人并不真的清楚成功的可能性。这并不在于他们学了多少，学了多久——而在于他们学了什么，所学的东西能否很好地在做生意中发挥作用。

除此之外，欲望对于一个人的成功具有很大的影响作用。想要在30岁之前成为百万富翁，心中就必须要有"非分之想"。"心中有非分之想"是一种情绪和本能，一个人假如缺乏这种情绪，缺少这种本能，做任何生意都难以取得太大的成功，当然，也就与百万富翁无缘了。

这种本能是大多数人都具备的。然而，很多人由于没有遇到理想的职业或者经济机会，这种本能就一直潜伏在他的整个生命之中，这种情绪的巨大力量也就爆发不出来。而这种情绪能让艰苦的劳动变成一种简单的快乐，因此，寻找并找到一个能激发和招致情绪能量的职业才能实现经济上高水平的成功。

很多在公司里上班的人都会有这样的感觉：我想要顺着公司的梯子向上爬，我相信当我爬到一定高度的时候，我就能获得工作的激情，获得我想要的东西。但事实上，当我爬到这一高度的时候我已经成为全公司同事的敌人。我根本不可能做出什么出类拔萃的事情，我必须把他们当作菩萨来供着，整天围着他们转，到最后的时候，得到的只能是"心灰意冷"。

如果抱持这样的想法，你就永远只是一个穷人。

◎人物简介

藤田1965年毕业于日本早稻田大学经济学系，毕业后在一家大电器公司打工。1971 年，他开始创立自己的事业，经营麦当劳生意，创立了日本麦当劳株式会社并把它建设成为拥有超过 3000 家连锁店和 30 亿美元营业额的大集团。藤田还写了 8 本关于营销策略的书，并让美国 R 玩具公司在日本打开局面。他的座右铭是：胜者为王。

第二节　克洛克
——不行动梦想就是空谈

我并不打算这样度过我的一生

如今在全世界遍地开花的麦当劳，其创始人克洛克就是一位为实现梦想而苦苦追求并行动的伟大人物。克洛克凭借麦当劳发迹时，已经是 51 岁的老人了。

克洛克年轻时家境不济，曾做过长达 25 年的房产推销员，过着一种居无定所的日子。可是，在最艰难的日子里，克洛克不断地鼓励自己："我确信，梦想渺小，人也将永远渺小，但我并不打算这样度过我的一生。"

然而，现实毕竟是残酷的。直到 20 世纪 50 年代，已达天命之年的克洛克仍然不过是一个经销混乳机的小公司的小老板，而且第二次世界大战让他的公司经营状况惨淡。随着年龄的增大，克洛克的希望似乎越来越渺茫了。

但是，就像那句经典的老话所说的那样——机遇永远垂青于有准备的人。就在克洛克 51 岁那年，机会终于降临到了他的头上。

那是 1954 年的一天，克洛克在自己的混乳机经销公司里认识了麦当劳兄弟。而在之后的一段时间里，有心的克洛克在麦当劳兄弟的汉堡包店里发现了一个改变他一生命运的现象：尽管麦当劳兄弟的汉堡包店表面上与当时无数的汉堡包店没有多大差别，可是，麦当劳的服务员可以在 15 秒之内交出客人所点食品的快速作业方式，却是克洛克从来都没有见到过的。麦当劳兄弟独特的经营方式让克洛克在震惊之余看到了无限的商机——凭着多年的经验，克洛克早已经拥有了一双发现良机的"慧眼"。

克洛克很快又发现，麦当劳兄弟尽管有创新的本领，但没有超前的眼光，他们根本没有意识到自己的发明具有很大的潜力。这让克洛克更觉得有机可乘，他决心以麦当劳兄弟的汉堡包店为平台，开办自己的连锁餐馆。

克洛克并不是一个只有梦想没有行动的人，他很快就同麦氏兄弟进行协商，最终取得了在全美各地开连锁分店的经销权。其条件是克洛克只能抽取连锁店营业额的 1.9% 作为服务费，而且其中只有 1.4% 最终归克洛克，另外的 0.5% 则归麦当劳兄弟。

接下来，克洛克大张旗鼓地在全美创办麦当劳连锁公司。这个时候，他为实现一生的梦想而积累了数十年的推销经验让他开设起分店来如鱼得水。到了 1960 年，克洛克在短短的 5 年时间里就拥有了 228 家麦当劳餐馆，其营业额达 3780 万美元。

到后来，随着经营和管理经验的丰富，克洛克又使出浑身解数买断了麦当劳。从此以后，克洛克将金色的麦当劳旋风刮向全美国，继而刮向全世界。而克洛克的成功也使他跻身"世界十大成功商人"之列，获得了无上荣誉。当克洛克在 1984 年去世时，麦当劳已经成为世界上最大的快餐连锁企业，在全球形成了令其他快餐连锁企业望尘莫及的扩张趋势。

大器晚成的克洛克花费了一生的精力，终于实现了他年轻时就已经拥有了的梦想。从他的身上，我们看到的是一种为了实现梦想而不屈不挠的伟大精神，是一种用行动创造神话的真理。反过来说，梦想不等于空想，只有付出辛勤的劳动，梦想最终才能变成现实，这确实是放之四海而皆准的真理。

不要只有空头梦想

梦想的作用是显而易见的，可是，光有梦想还远远不够，如果没有为梦想所做出的种种努力，梦想只不过是空想而已。这个道理相信每一个人都能明白。然而，在现实中，还是有很多人，尽管他们今天想要刻苦学习，明天想要努力工作，后天还想开家公司……日子一天天过去了，他们却还是在原地踏步，曾经做过的"梦"或许还在继续做，可就是不见他们有任何行动。这样的人，到头来只能一事无成。

一个优秀的人、一个对自己负责任的人，不但要心怀梦想，更重要的是他们能够行动起来，让自己的梦想转化为现实。成功人士的一生，也就是一个不断让梦想实现的一生，有的人甚至为了自己的梦想一生奔波，而一旦这个梦想变成现实，也就会成就他的一生。

◎人物简介

克洛克是麦当劳之父，快餐巨人。克洛克提供给美国人一种随意、可轻松辨识的连锁餐厅，还有友善的服务、低廉的价格，无须排队或预约。他的成功源于他对于大众消费趋势的敏锐感知，但更重要的还是强化并改变这一趋势的长期能力。人们对来到麦当劳的原因心照不宣：我们是来"吃东西"的，不是来"用餐"的——经营麦当劳30年后，克洛克欣慰地听到了这句话。

克洛克一生都在埋头干事，很少接受媒体采访。在他去世之后，人们从他麦当劳总部办公室的座右铭里，发现了这样几句话："才华"不能：才华横溢却一事无成的人并不少见。"天才"不能：是天才却得不到赏识者屡见不鲜。"教育"不能：受过教育而没有饭碗的人并不难找。只有恒心加决心才是万能的。

第三节　王跃胜
——行动是致富的最终手段

说起王跃胜有些人不大熟悉，但是说起"飞宇"网吧，北京大多数人不会陌生。在北京市区地图上，可以清晰地看到它的位置。王跃胜就是"飞宇"网吧的 CEO。

不要等条件具备了再行动

"飞宇网吧"CEO 王跃胜在号称中国"硅谷"的中关村核心地带——北京大学南门外开网吧，一开就是 18 家，而在全国，他开了 300 家。王跃胜相信"网络改变命运"这句话，因为他自己已经彻底地被网络改变了命运。王跃胜希望网络能够改变更多人的命运，在他的网吧里，几十万人学会了上网。

王跃胜最初是煤矿工人。他原以为当上工人，家里便有了依靠，可以前他没干过重体力活，下井才 7 天，就弄得浑身都是伤。后来，他曾经清理过马圈，扫过马路。看着又脏又累又无聊的工作，王跃胜问自己：难道自己一辈子就这么过？

到了 1982 年，王跃胜从父亲那里要了 80 元钱，又东拼西凑了 100 多元，总共不到 200 元，那就是他准备挖第一桶金的全部资金。他四处筹资，办起了加油公司，很快积累了可观的收入。然而，他并没有停止前进的脚步。1997 年 5 月，公司上了一套电脑管理系统，刚开始也没觉得怎么好用。后来慢慢地发现，每月结账的时候，它的作用非常大。以前需要 2 天～3 天才能结清的账，计算机用十几分钟就解决了。有了电脑管理系统，也带来了新的问题。由于需要维护设备、使用软件，公司又没有人懂，一有问题就要往北京跑，太麻烦。于是王跃胜又想：不如在北京开个公司，找几个高科技人才，办事也方便。

1997 年 7 月王跃胜第一次来到了中关村。他在北京待了两个月，几乎走遍了中关村的每个角落，深刻地体会到"电脑软件门外汉"的滋味，认识到再靠当年的苦干是不行了，根本无法立足，要招兵买马。

一次很偶然的机会，王跃胜走进了一家网吧，发现里面全是大学生。这时一个想法在他的脑海中产生了：既然大学生都喜欢去网吧，那就开一个网吧，既能交朋友，又能找人才。主意一定，他就开始选地方。北大、清华、北理工、北航等学校一比较，发现还是北大这边好，校南门离学生宿舍才几十米，出门就能上网，并且还处于中关村的核心地带，周围辐射清华、人大，所以就选了北大南门。

1998 年 2 月 14 日，飞宇网吧开业了。

刚开业的时候，飞宇网吧只有 25 台电脑，100 多平方米营业面积。他到电信局申请 64K 专线的时候，电信的人就说，现在上网的人不多，太超前了，要小心。可他还是看好网络的发展，毫不迟疑地申请了。开网吧那会，因为还没有网吧管理的规定，工商局经常来查。他们注册的是技术公司，就说是在搞电脑培训。

北京人的素质都很高，也比较理解，后来有了规定，才有了经营网吧的执照。

飞宇网吧每天的电脑上网率很高。大学未放假时，几乎每天都能看到大学生排队等候上网的奇景。假如你去北京海淀路北大南墙一段，发现那儿挤满了自行车，不用抬头，这里的招牌一定是"飞宇"。飞宇网吧早上7点～9点免费上网。每天8点59分时，北大小南门总会出现这样一个场景：突然间，北大南墙的飞宇网吧大门打开，成百上千个年轻人走出来。

"想到了好主意，我一定马上实行，就像我办加油站那样。"王跃胜如是说。

农民般憨厚的王跃胜告诫年轻人，有了想法，赶快行动。不要等到一切条件都具备了，那时就晚了。什么事情先做起来，中途遇到问题再想办法解决，才能为时不晚。

行动将幻想转化为财富

平时要观察走在你前面的人，看看他为何领先，学习他的做法，忙碌的人才能把事情做好，呆板的人只会投机取巧，优柔寡断的人，就算做了决定，也不能贯彻到底。没有行动，幻想只能是幻想；只有行动，才能将你的幻想转化为财富。

在这个世界上，有梦想的人不在少数，不甘于现状的人也很多，每个人都希望能够事业、财富双赢，然而成功者通常是少数。大多数人的想法总是瞻前顾后，前怕狼后怕虎，犹豫不决，以至于很多很好的计划、想法最后都是提前流产，到头来一事无成，平平庸庸。

行动具有激励作用，行动是对付惰性的良方。行动力，决定了你是财富上的成功者还是失败者。有句话说："生活不能像做菜，不能等所有的作料都准备好，再下锅。"创富过程也是一样。现在的年轻人有了想法，就赶快行动，不要等到一切条件都具备了，那时就晚了。

◎人物简介

王跃胜，1962 年出生于山西省北部的怀仁县亲和乡闫家寨村。1983 年开办水泥预制板厂，1985 年开办分销加油点，1997 年在北京大学南门开办飞宇网吧，后来又开办飞宇网校。现任飞宇集团总裁，曾是中国最大网吧的 CEO，第九、十、十一届全国人大代表。

第四节　卡茨
——甩掉懒散和拖延的包袱

采取行动才能捕捉到财富

屠格涅夫说过："等待的方法有两种：一种是什么事也不做空等，一种是一边等一边把事业向前推动。"

一个叫莉莲·卡茨的美国妇女十分清楚这一点。在她还没有成为富人之前就意识到，财富不会毫无缘由地从天而降，只有采取行动才能捕捉到财富。卡茨利用结婚时亲朋好友送的贺礼中攒下的 2000 美元，在一本流行杂志上刊登了一则小广告，开始走上了推销自己个性化的汉堡和减肥食品的道路。

一年后订单源源不断，莉莲·卡茨的业务不断壮大，逐渐从当年的目录直邮公司，发展成为现在的 LVC 国际集团，年销售额高达数亿美元，每周需要处理的订单超过 3 万份。有上千名员工与莉莲·卡茨为了公司的美好前景而努力。莉莲·卡茨的成功正是因为她没有守株待兔，而是以有目的的实际行动去实现自己想要的一切。

当年轻人制定自己的人生目标，并做出具体的规划后，最重要的是把自己的目标和规划付诸行动，否则一切都是空谈，所有的目标和行动就会像一朵不结果实的花朵一样，华而不实，毫无用处。

因此，如果你想成为富人，需要从今天开始就采取行动，而不是拖到明天或者更晚的时间。作家玛丽亚·埃奇沃斯对这个问题的理解颇有见地。她在自己的作品中写道："如果不趁着这股新鲜劲儿，今天就执行自己的想法，那么，明天也不可能有机会将它们付诸实践：它们或者在你的忙忙碌碌中消散、消失和消亡，或者陷入和迷失在好逸恶劳的泥沼之中。"

电子游戏之父诺兰·布歇尔被问及企业家的成功之道时这样回答："关键便在于抛开自己的懒惰，去做点什么。就这么简单。很多人都有很好的想法，但是只有很少的人会即刻着手付诸实践。不是明天，不是下星期，就在今天。真正的企业家是一位行动者，而不是什么空想家。"

行动是成功之母

马克·吐温曾经讲过一个明天才行动的人的故事：

有一次，有个地方发大水，一个人家里进了水。就在水马上就要漫过他家的门槛时，一位好心的邻居表示，他可以开车带这个人到一个安全的地方。然而，这个友好的提议遭到了此人的断然拒绝，理由是上帝绝不会袖手旁观。随着水面不断升高，他不得不爬到了屋顶上。

这时，一条小船驶过并表示可以把受难的老兄带到安全的地方。提议再次遭到了断然拒绝，理由仍然还是对上帝的信念。水面还在不断升高，已经漫过了屋顶，眼看这位老兄就要一命呜呼。就在此时，一架直升机飞过，并抛下了一根绳子来营救几乎已淹在水中的老兄。但是，他又一次断然拒绝了营救，拒绝去抓住救命的绳索，理由同样是对于上帝的忠诚信念。就在死亡即将来临之际，这位老兄绝望地抬起头，对着上天呼喊道："上帝呀，我如此忠诚地相信你会来拯救我。可是，你为什么没来呢？"突然，一个来自天堂的声音说道："你究竟想让我怎么做？我派去了一辆卡车、一条船、甚至一架直升机！"

有一句名言是：失败是成功之母。我们不妨把范围再扩大一些：行动是成功之母。因为失败也应当包括在行动的范围之内，只不过是失败了的行动。实际上行动是实现一切改变的必要前提。我们通常说得太多，思考得太多，梦想得太多，希望得太多，我们甚至计划着某种非凡的事业，最终却以没有任何实际行动而告终。如果我们希望取得某种现实而有目的的改变，那么，我们便必须采取某种现实而有目的的行动。这对于我们是否能够主宰自己的生活至关重要。

罗伯特曾经说过："积极的人生构筑于我们所做的一点一滴之上——而不是那些我们不曾接触的事情。永远不要忘记，构筑人生唯一的原材料便是积极的行动。"

总有一天我们会长大，那时，我将会按照自己的方式生活；总有一天，在偿清所有贷款之后，我的财务状况会走上正轨，孩子们也会长大，那时，我将开着新车，开始令人激动的全球旅行；总有一天，我将买辆漂亮的汽车开回家，并开始周游我们伟大的祖国，去看一看所有该看的东西；总有一天……

这些可悲的人最终生活在自己的幻想中，并在实际生活中扮演着穷人的角色。如果说有什么办法可以改变这种窘况，那就是毫不迟疑地行动！

大部分的人都太喜欢拖延了，他们不是做不好，而是不去做，这是最大的恶习。不行动，怎么可能会有结果呢？

你想成功、想赚钱、想人际关系好，可是从不行动；想健康、有活力、锻炼身体，却从不运动；知道要设目标、定计划，但从来不去做，就算设了目标、定了计划，也不曾执行过；要早起、要努力，可是就是没有行动力；知道要推销，可是从不拜访顾客。就这样，很多人一天一天抱着成功的幻想，染上失败者的恶习，虚度着光阴。

拖延的结果在理财当中最能体现。比如，小张和小王是同龄人，两人的收入一样。小张在30岁的时候开始投资，每个月投入1000元，一直到65岁；小王从31岁开始投资，每个月也投入1000元，两个人的投资额只相差12000元。如果平均每年的回报率是10%，到65岁的时候，小张的投资价值是3796638元，小王的账户是3425389元，即两人相差了371249元！这其实是复利的作用。越早开始理财，就越能够积累起理财的优势。所以，你现在要做的就是——不再拖延，马上行动！

◎ **人物简介**

莉莲·卡茨，LVC国际集团创始人。经过短短几年的运作，集团经济实力迅速增长，投资项目涉及金融、房地产、旅游、环保、航空、建材、传媒广告等多项领域。

第五节　史密斯
——想到就要马上行动

行动才是最终的决定力量

美国成功学家格林在演讲时曾不止一次地对听众开玩笑说，全球最大的航空速递公司联邦快递（FedEx）其实是他构想的。

格林没有说谎，他确实曾做过这样的设想。20世纪60年代，格林刚刚起步，在全美为公司做中介工作，每天都在为如何将文件在限定时间内送往其他城市而苦恼。

当时，格林曾经想到，假如有人成立一家公司，可以提供将重要文件在24小时之内送达任何目的地的服务，该有多好！

这想法在他脑海中停留了好几年，他也时常和其他人谈起这个构想，遗憾的是他没有付诸行动，直到一个名叫弗列德·史密斯的家伙（联邦快递的创始人）真的把它转换为实际行动。从而，格林也就与开创事业的大好机会擦身而过了。

可见，行动才是最终的决定力量，无论你的计划多么详尽，创意多么巧妙，你不开始行动，就永远无法达到目标。在一生中，我们有着许多人生畅想，若能够将一切憧憬都抓住，将一切计划都执行，那么，事业上所取得的成就将是多么的伟大！

记得有句广告词是"想到就去做"。然而，又有多少人能真的"想到就去做"呢？很多人其实并不缺乏工作能力，也不缺乏创造力，而是缺乏行动力。

如果你一直在想而不去做的话，根本成就不了任何事。请你想想看，世界上每一件东西，从人造卫星到摩天大楼以至塑料饭盒，都是由一个个想法付诸实施所得的结果。去做了虽然不一定能做好，但是你不去做，连成功的可能性都没有。

采取行动让梦想成真

1932 年的经济大萧条期间，一个年轻人从某大学毕业，获得了社会科学的学位。对于自己未来的生活，他没有得到任何的指导，也没有什么自己的规划。他的困境总结起来只有一条，那就是那个年代的工作岗位极度稀缺。年轻人开始等待，盼望能有什么好运会降临到自己头上。同时，为了挣钱养活自己，他整个夏天都在一家当地的游泳池做救生员的工作。

一位经常带孩子来游泳的父亲对年轻人非常友善，并对他的未来产生了兴趣。他鼓励年轻人仔细分析一下自己，看看究竟最想做点什么。年轻人听从了他的建议，在随后的几天中，他开始检讨自己。最后，他发现自己还是最想成为一名电台播音员。

年轻人告诉了这位长者他的志向，这位长者鼓励他采取必要的行动，使梦想成真。随后，他走遍了伊利诺伊州和爱荷华州，努力让自己进入广播行业。终于，他在爱荷华州的达文波特市停住了流浪的脚步，最终如愿成为一家电台的体育播音员。

"终于找到了工作，这多美好呀！"这个年轻人坦率地说道，"不过，更有意义的是，我知道了应该去行动这个道理。"这个年轻人叫罗纳德·里根，后来他成为美国第 40 任总统。

有多少想法，多少梦想，多少好的打算，都被你束之在头脑的"高阁"中呢？原因仅仅是因为你的决定没有得到有目的的实际行动的支持。

从现在开始展开实际行动并非一件难事。我们只需要明快、果断、有信心。

这是一条极为简单不过的真理：再伟大的思想与热情都得付诸实践。实际上，当你在不断尝试、不断行动之后，其实你已经拥有了一种让人生变得有效率的习惯。

每一个成功人士都是行动家，而不是空想家；每一个赚钱的人都是实践派，而不是理论派。从现在起要养成马上行动的好习惯。

马上行动是一种习惯，是一种做事的态度，也是每一个成功者共有的特质。什么事情你一旦拖延，你就总会去拖延，然而你一旦开始行动，往往就会一直做到底。因此，凡事行动就是成功的一半，第一步是最重要的一步，行动应该从第一秒开始，而不是第二秒。

只要从早上睁开眼睛那一刻开始，你就马上行动起来，持续行动下去，对每一件事都要告诉自己立刻去做，你会发现，你整天都充满着行动力的感觉，这样持续三个星期，你可能就养成了马上行动的好习惯了。

所以，看到这里，请你不要再想了，再想也没有用，去做它吧！

拿一张纸写上"马上行动"，贴在你的书桌前、床头、镜子前，贴满你的房间，你一看到它就会有行动力的。

为了养成你马上行动的好习惯，请你大声地告诉自己："凡事我要马上行动，马上行动！"只有不断地行动，才能帮你快速成长。是行动的人改变了这个世界，会行动的人才会在 21 世纪快速拥有自己的梦想。

◎人物简介

弗里德·史密斯是美国历史上最伟大的企业家之一。20 世纪七十年代，借助在耶鲁大学念书时的突发奇想，史密斯先生首先在一篇学院论文上提出了通宵航空快递服务的概念。虽然学院的教授们对这一概念评价一般。1971 年，出身于美国海军陆战队的弗雷德·史密斯退役后开始了他的快递运输事业，尽管这一事业起初并不被人们看好。但是如今，联邦快递已经建立了全球首屈一指的快速交付网络，业务遍及全球 211 个国家，拥有超过

660 架货机及约 9.5 万辆货车，并且在全球聘用超过 21.5 万名员工和独立承包商，每天平均处理 500 万件邮件。

弗雷德·史密斯创造性的举动开创了隔夜交货的速递方式，因此被誉为是"创造了一个新行业的人"。自联邦快递公司创建以来，许多航空公司、电信公司、金融企业也纷纷效仿。联邦快递不仅改变了运输工业的发展，而且极大地改变了美国商业运转的时间表，首创了邮寄包裹隔夜送达的服务。

第 ▼3▼ 章

创富大学挫折课：坎坷铺满致富的路途

在追求财富的道路上难免有许多的挫折和打击，盲目消沉、悲观失望是于事无补的，惧怕挫折，会失去获得财富的机会。困难是你追求财富的敌人，战胜它，你便在财富的道路上跨越了一步。凭着顽强的毅力去披荆斩棘，克服挫折与困难，你就不会再困惑，因为太阳已经升起，胜利的曙光就在前面。

第一节　王永庆
——先苦才能后甜

怕辛苦就不要选择创业

王永庆说："对事物的感觉，我们可能会有这样或那样的差别，最关键的就在于你是否对这些事物下过一定的苦功夫。人无论如何都只有先经过一番苦心的追求，才能真正尝到收获的甘甜。"王永庆不但自己有这样的信念，而且还用这样的信念来教育子女。

王永庆最出色的三女儿王雪红就继承了父亲这种能吃苦的精神。她不靠父亲的力量，自己一个人在外打拼 14 年，蝉联多年台湾女企业家富豪榜首。创业 8 年之后，她创办的"威盛"市值已经超过了她父亲亲手创办的台塑。在这个男性占主导地位的社会中，她开创出了自己的王国，拥有了自己的一片天地。虽然不是靠父亲资金的资助，但是父亲对她的教育却是她成功的根本原因。

王永庆担心子女由于家庭条件优越，养成骄奢的不良恶习，因此每一个孩子到了念中学时或是在更小的时候，王永庆就把他们送到英国或美国读书。王家三姐弟回忆他们童年时光时总说："被父亲送到美国念书，老实说我们的童年并不十分快乐，但是我们要感谢父亲让我们去历练，去自己面对很多事情。"当时的王永庆尽管已经十分富有，然而他给儿女们提供的学费、生活费却都算得很"精确"。就像他管理企业一样，什么都做到"刚好合适"，没有给子女一点儿闲钱和机会去享乐。

他和儿女们的交流都是靠书信联系，从来都不会打电话，"因为长途电话费太贵了"。每次写信，父亲都会要求他们说明每一笔钱的去向，就连买支牙膏的钱也必须说明。

即使现在对孙子辈，王永庆也十分严格。在美国念大学的长外孙（他长女的儿子），利用暑假空闲的时间回到台湾，到台塑实习。王永庆并没有为他安排一个舒适安稳的职位，而是让他直接下到生产线实习。而且王永庆要求他每天、每周都要写工作报告，总结每一天、每一周有什么收获。王永庆总以为，人在年轻的时候就应该多吃一点苦，假如不能吃下人家所吃的苦，那么前途就很难乐观。

对于创业者来说，起点低并不可怕，一无所有也不可怕，可怕的是没有一种勇于吃苦的精神。无论哪个获得成功的人，他们在功成名就之前都早已默默无闻地努力了很长一段时间了，这就是所谓的厚积薄发。所以，王永庆严肃地告诫众多创业者：年轻人要创业就不要怕辛苦，怕辛苦就不要选择创业。他总说："别人那么辛苦都不在乎，我难道就不能和别人一样辛苦地工作吗？别人做得来，我也一定做得来。"

先苦才有后来甜

王永庆很看不惯那些轻易退缩、轻易说辛苦的人。有一回他参加了一个大型的聚会，聚会结束的时候，一位很有名气的妇人走下台来，台下的丈夫立刻伸手过去连声说："夫人，辛苦了，你真是辛苦了。"王永庆当时就在他们身边，听到这番话之后非常吃惊，气愤地说："真不明白有什么好辛苦的，她不就是坐在台上看吗？这种夫妻之间的礼貌也太周到了吧？难道是妻子太娇弱了，坐着也辛苦吗？坐了一会儿就满口'辛苦辛苦'去劝慰是要不得的。"

王永庆每天 4 点就会起来去台北高尔夫球场打球。偶尔在高尔夫球场会遇到一些认识王永庆的人，他们都用讨好的口吻说："王董事长，您真是辛苦啊，既要管理好公司，还要每天早晨风雨无阻，早早地就出来运动，真是太不简单了。"王永庆听后只是客气地说声谢谢，但是心里却想：这也算辛苦吗？那些做鲜花和海鲜生意的人为了打理生意，每天早晨 2 点就必须起来进货，即便再冷的天也不例外。他们为的是什么？还不是早些起来，可以拿到更加便宜的货源，然后用尽心思去争取十几元的差价。每天刚计算完当天的所得又得开始新一天的生意。我来打高尔夫，需要花大约 100 美元，如果不是会员还要花 200 美元，这是在享受。那些每天为了自己的生计忙碌的人都没有说辛苦，我有什么辛苦值得说的。

台塑在进军海外市场之后，王永庆就经常对员工说："我们有很多不利的因素存在，对手拥有比我们更强大的支持力量、更先进的技术设备、更快的物流支持，如果不努力，很快就可能输给对方。我们能依靠的就只有一个，那就是勤劳能吃苦的美德，倘若这一点再失去了，那么一切都会输给别人。因此，我们不能忘本，先苦才有后来甜。"

◎人物简介

王永庆，1917 年 1 月出生，15 岁小学毕业那年，王永庆便到茶园当杂工，后又到一家小米店做学徒。第二年，他就用父亲借来的 200 元钱做本金自己开了一家小米店。1954 年筹资创办台塑公司，1957 年建成投产。靠"坚持两权彻底分离"的管理制度，他的"台塑集团"发展成为台湾企业的王中之王，下辖台湾塑胶公司、南亚塑胶公司、台湾化学纤维公司、台湾化学染整公司、台旭纤维公司、台丽成衣公司、育志工业公司、朝阳木材公司、苹果公司和新茂木材公司等 9 家公司，在美国还经营着几家大公司。全部资本额在 1984 年就达 45 亿多美元，年营业额达 30 亿美元，占台湾"居民"生产毛额的 5.5%，在民间企业中首屈一指。与台塑集团有着存亡与共关系的下游加工厂超过 1500 家，如今，在台湾的富豪中他雄居首席，在世界化学工业界他居"50 强"之列，是台湾唯一进入"世界企业 50 强"的企业王。

第二节　瓦利德
——有压力就是成功

瓦利德从不害怕压力，因为这是他成功的动力。他说："有压力就是成功。"

从收购国内的几家银行，到控股花旗银行；从杀入美国市场，到介入各个大洲的商业领地；从金融业的投资，到食品、酒店等各个行业的投资。瓦利德每进行一个项目投资的时候，都会遇到大大小小的困难，困难不仅仅会形成阻碍人前进的一种物质形态的障碍，还会在人们心中产生一种精神层面的障碍，那就是压力。

想要做成任何事业，就不可能不面对压力。而对于瓦利德来说，每一次大大小小的投资都是在或大或小的压力下取得成功的，而压力对于瓦利德来说似乎不算什么。压力对于他来说就是动力，他喜欢在压力中生活。每一次有压力都代表着挑战的存在，而瓦利德追求胜利和前进的决心从来没有改变过，他喜欢挑战自我，更加喜欢追求成功。"有压力就是成功"——这是瓦利德坚信的信条。正是这种在巨大压力之下的动力才能够推动他取得了一次又一次的成功。

金融界的开始——沙乌地国内银行业

尽管趁着 1990 年第一次海湾战争的机会，通过投资土地让瓦利德大赚一笔，但是之后凭借恶意并购的手法成功拿下了沙乌地联合商业银行（USCB）的经营权才是让瓦利德迈向世界级富豪的第一步。然而，瓦利德并没有因为这样的成功而停止脚步，他终究是一个野心勃勃的人，他从来没有停止对于版图扩张的念头。

在金融界，他打算进一步收购有兴趣的银行来扩大自己的范围，而他的新目标就是沙乌地开罗银行（SCB）。

由于美式的"恶意并购"沙乌地联合商业银行这一举动引起了全国人民的瞩目，他的这一次行动无法像上一次那样在安静中完成了。

这就意味着，他以后的每一次行动都会在众目睽睽之下顶着巨大的压力完成。如果成功，那人们自然会翘起大拇指说"果然厉害"之类的话来称赞他；但是如果最后以失败告终，那么可想而知，接踵而至的将是无休止的批评和奚落："华而不实"、"没有真本事"或是"只是靠运气"。

自然，人们的口水不会等到最后结果出来以后才登场，在还没有进行这样的运作之前，外界的报道和评论猜想就已经铺天盖地地袭来了。人们在猜想之余也不忘对这位亲王作一番评论，不管是真实的评论还是莫须有的指责，瓦利德都不得不去承受和面对。因为这时的他，不再是高高在上的亲王，而是一个有着皇室血统的公司老板。

如果只有这些，瓦利德倒是能够坦然面对，因为媒体的评论和闲言碎语的人不会只费口舌在他投资的这件事上，任何一个大型的商业活动都会招来这样的结果，这就是商场中的游戏规则。

更难对付的恐怕还是与对手的较量，那可是实实在在要拿银子出来的。

在这样的压力下，瓦利德没有一筹莫展，反而是压力让他觉得充满了力量，他要战胜任何困难，他只要追求胜利。

合并 SCB 这是一个冒险，也是证明他实力的最好机会。亲王认为，他一定可以让这家银行转危为安。当然，仅仅凭借信心而一味地蛮干是不行的。实际上，瓦利德在行动之前做了充分的准备。首先他对沙乌地的银行作了一些研究，发现了业界的几个弱点，同时也对 SCB 的问题做了深入研究。他发现 SCB 遭遇的问题同 USCB 一样：管理不善、呆账过多。

尽管之前收购 USCB 已经让他们拥有了很好的经验，事实证明他们的业绩也是非常优秀的，可是这一次也并不是简单的经验复制，至少在规模上比 USCB 更大一些，所以操作起来也更加复杂。但这些压力对瓦利德来说都不是问题，有压力让他更能够保持清醒的头脑和更加清晰的思路。

很快，瓦利德成功合并了沙乌地开罗银行，并在 1997 年把两家银行合并为一家，命名为沙乌地联合银行。

如今，当初弱小的银行在瓦利德的裁员、压缩成本等一系列整改行动后，已经成长为沙特阿拉伯境内的第五大银行，这也证明了瓦利德的眼光和雄才伟略。而他并没有就此罢休，而是将"战火"进一步烧到了另一家银行：沙乌地美国银行（SAMBA）。结果不用多说，当然是以亲王胜利拿下这家银行告终，但这也不是瓦利德在银行业的终点。

不得不面对的压力

"9·11"事件的发生是美国人和中东民众矛盾的导火线。出于政治原因，必然影响到瓦利德在美国开展的事业。再加上亲王的特殊身份，他不得不谨慎考虑攻击事件对华尔街和他个人所带来的影响，以及基地组织对世界的威胁将给沙特阿拉伯带来的不良影响。由于这次事件，瓦利德不得不改变策略，艰难地放弃了亲赴美国参加新建于利雅得市中心的高级购物中心的开幕仪式。

如果放任这样的事情不管不问，恐怕瓦利德今后在美国的投资活动将会步履艰难了，但过度殷勤的表示关切又难免会让人觉得有些虚假和目的不纯。作为商人，同样也是一个亲王的瓦利德此时压力非常大，究竟如何才能维持两国的政治关系，更重要的是能够进一步维系他在美国的商业关系呢？

瓦利德并没有被这样的压力压垮，他通过冷静的思考，果断地做出决定。亲王说："我不能呆坐在这里。我得去美国一趟，以我个人的名义前去慰问。"这并不是他的一个什么手段，而是他真心实意地认为应当对灾区的人民表示慰问。因为只有真心实意地面对问题，才有可能更好地解决问题。任何虚情假意的作秀，都会被认为是哗众取宠的行为，从而让事情变得更糟。这一点即使在商业活动中，也表现得淋漓尽致。

正如有人说的那样："你可以毁灭我，但无法打败我。"瓦利德也是如此，他不惧怕压力的性格决定了他从来不会被压力打倒。在走出机舱，再度踏上美国土地，面对美国人民时，他的确感到了沉重的压力。然而凭借自己拥有的良好心态，从容镇定的他靠自己的真诚打动了美国人，让他们对于自己的敌意缓解了不少。正因如此，解决问题也就在弹指一挥间了。

◎人物简介

瓦利德·本·塔拉勒·阿勒沙特，通常称瓦利德王子，沙特阿拉伯皇室成员（不在继承序列中），企业家、投资家，被誉为阿拉伯的"沃伦·巴菲特"，有"中东股神"的称号。2005 年个人总资产为 237 亿美元，在《福布斯》排行榜上位居第五。2007 年财富缩减为 207 亿美元，排名跌至 13 名，但仍然是中东最富有的人。他最著名的投资案为 20 世纪 80 年代大量购买花旗银行股票，而他独到的眼光也使他成为花旗银行最大个人股东。

第三节　牛根生
——磨难越多，福气越大

磨难也是一种财富

创业者在创业的过程中难免会遇到许多困难和磨难，有的人在困难中没能坚持下来，以失败告终。有些人尽管遇到许多困难，但是迎难而上，不仅解决了问题，还提高了自身的能力。正如人们常说的那样，磨难也是一种财富。

牛根生说："创业者往往都害怕遇到困难，其实在创业中的磨难也是对创业者意志的一种考验，磨难越多，你的福气也就会越大。"创业者在创业之初通常对所从事的行业了解得不全面，至少没有亲自承担盈亏风险的经验，所以难以把握变化莫测的市场，往往会遇到困难，而如果创业者解决了困难，也就获得了宝贵的经验。每个成功的创业者都是在这样那样的困难中逐渐强大起来的。

蒙牛刚刚创立之时，既没有奶源，也没有工厂和市场。首先摆在牛根生面前的问题就是企业的生存问题。一个没有名气的企业如何才能把产品推销给消费者呢？于是牛根生着手打开市场。蒙牛公司很快在呼和浩特的大街小巷都挂上了自己的广告牌，正当牛根生为自己这个策略的成功感到欣喜时，意外发生了——刚刚挂好的广告牌只过了一个晚上就全都被砸，这让牛根生感到诧异，然而他很快就猜到了幕后黑手是谁。

这个事件很快就在呼和浩特市传开了，而人们也都知道了蒙牛这个品牌，而且都说是伊利和蒙牛的竞争导致了这起事件的发生。人们从此反倒更加关注蒙牛了。牛根生看到这种情况后决定直接将目标指向伊利，以图获得更好的宣传效果。于是，蒙牛就打出了"向伊利学习，做内蒙古第二"的口号。这表面上看是牛根生的谦虚，但事实上是借伊利的知名度提升蒙牛的品牌影响力。

尽管这件事过去了，但是牛根生深知蒙牛之所以这么轻易地被打压都是因为蒙牛的实力还不够强大，影响力还不够大。所以牛根生就暗暗发誓要把蒙牛做大做强，让蒙牛不再受欺负。当然除了被砸广告牌这件事外，蒙牛还遭受过很多别的磨难，然而牛根生始终将这些磨难当作是促使自己做大做强的动力。

蒙牛创业初期在市场营销方面选择了一条充满挑战的道路。牛根生决定先让产品打入较大的城市，之后再进入一些二线城市。这样的策略对于一个刚刚创立的企业来说显然是有难度的。

蒙牛选择的第一个大城市是深圳。但是，蒙牛在深圳铺货初期就遭遇了失败，因为大型的商场和超市不了解蒙牛，而且蒙牛的产品没有名气，所以都一致不接受蒙牛的产品。而一些小店铺虽然同意可以试试，但是却向蒙牛要钱。面对这样的情况，牛根生决定在深圳还是先采取小区包围城市的策略，这样就能够逐步让人们接受并打开市场。

在小店里，蒙牛为了能够让更多的人知道自己的产品，采取了免费品尝的策略。这招果然灵验，很快就有越来越多的人开始接受蒙牛了，而牛根生在深圳也就逐渐打开了市场，最后蒙牛的产品也终于进入了超市。

正是由于蒙牛率先在深圳这样的一线城市打开市场，在消费者心中已经有了一定的知名度，蒙牛进军二线城市就相对容易多了，因为消费者都已经接受了这个品牌。就这样，蒙牛很快打开了全国的市场。

创业者在创业初期遭遇对手的打压是很正常的事情，而牛根生对待这种事的态度值得我们学习。况且创业者最初的力量还不是很强，所以要避免和对手进行直接的正面冲突。面对这种情况，最重要的就是调整心态，磨难可以增加创业者的动力，在这种磨难中最重要的是增强自身的实力。

万事开头难

《纽约先驱报》的创办者詹姆斯·贝内特便是一个值得我们普通人学习的典范。他在创业过程中经历数次失败，花费了将近20年的累积，才走向成功。在创办《纽约先驱报》之前，他曾经经营过《纽约信使报》，但是失败了。之后，他的《宾夕法尼亚人》又没有成功。

虽然经历了很多次的失败，贝内特仍然不气馁，他又创办了《环球》。在经历了14年的辛勤劳动之后，他意识到自己积累了足够经验，于是信心百倍地拿着自己积攒的几百美元，找到贺拉斯·格里利，希望能够和他合作创办一份新的日报——《纽约先驱报》。贺拉斯·格里利并没有和他一起合作，但是给他推荐了两名年轻的印刷工。

然而，就在三人雄心勃勃，正要一展宏图，好好大干一场时，他的《环球》再一次宣告破产，这无疑给他当头泼上一盆冷水。可是，詹姆斯·贝内特并没有因此而一蹶不振，他仍然对《纽约先驱报》充满了信心。

　　1835 年 5 月 6 日，《纽约先驱报》正式创办。当时其所有的资本只能支付 10 天的花费。当时的情况非常困难，很多人再次预言，《纽约先驱报》还会以失败告终。他们的工作室是贝内特在华尔街租借的一间狭小的地下室，在室内摆了一张椅子，再在两个圆桶上面架一块厚木板，这就成了一张简陋的办公桌。当时《纽约先驱报》的所有工作都在这间小小的"办公室"里进行。谁也不会想到，在这间简陋的办公室里，竟然出版了在美国新闻史上有着巨大影响力的日报。

　　实际上，在《纽约先驱报》创办之前，报纸都是属于机构的。所以，当《纽约先驱报》以独立的姿态出现在美国人面前时，这种首开先河的报纸形式还不为人知。为了获得能够引起大众兴趣的、及时可靠的信息，他们往往是不遗余力、不惜耗费巨资。所以，他们的报纸的报道速度迅速及时，报道内容全面丰富、新颖独特。和同类的报纸相比，无论是新闻报道的广度、深度，还是新闻采集的速度和方式，他们都要高人一筹。就这样，《纽约先驱报》开始被越来越多的人所接受，他们的事业也渐渐地走上正轨。

　　万事开头难。其实，任何事情在开创之初都困难重重，《纽约先驱报》的起步之路也充满坎坷与崎岖。但是，积累了多年经验的贝内特早已能够处事不惊，应对自如了。当《纽约先驱报》的办公地点移至矗立在纽约百老汇与安街交汇处的那幢当时最为壮观威严的新闻办公大楼里面的时候，就似乎已经向世界宣告了它在报界不可撼动的稳固地位了。

　　做任何事情，都不可能有 100% 把握，就像牛根生一样，该出手时便出手，条件差不多就要大胆去做，去闯出自己的事业，不要犹豫，不要彷徨。做了不一定成功，但至少为下一次冲击积累了经验，不做永远没出息，而且成功前必然要经历失败。不经历风雨，怎么见彩虹，没有人能随随便便成功！

◎人物简介

牛根生，蒙牛乳业集团的创始人，老牛基金会创始人、名誉会长，"全球捐股第一人"。1999 年离开伊利，1999 年创立蒙牛，后用短短 8 年时间，使蒙牛成为全球液态奶冠军、中国乳业总冠军。2002 年中国十大创业风云人物之一。2011 年 6 月 11 日，蒙牛乳业在港交所发布公告称，其创始人牛根生辞任董事会主席一职。

第四节　索罗斯
——我生于贫困但绝不穷死

很多人把致富的原因直接归结于富人生而富有，有一个好的身世；或者他们的机遇比别人好，上帝比较垂青他们；或者他们善于钻营，敢于投机，财富只是冒险使然。事实上，出生、家世、运气、机遇、胆识都无法完全解释他们致富的原因。我们可以看到，许多成功者并没有出生在有钱人家，也不见得受过多么高的教育，甚至有些人不见得多么聪明。而他们最后仍然成功了，他们成功的秘诀究竟是什么呢？

拿索罗斯的话来说就是："我决不接受命运的安排！我生来一贫如洗，但决不能死时仍旧贫困潦倒。"

很多庸庸碌碌的人，很多终日为生计而奔波的人，都曾有过一些共同的体验，那就是看着富有的人锦衣玉食、出入车马、叱咤在各种高档场所而羡慕不已。然而在羡慕之余，不知道他们有没有想过这样一个问题，那就是：是什么原因使得他们这样富有？为什么我就没有这么好的命？

不幸的境遇

索罗斯就是众多不幸人中的一员，更糟糕的是，他要比一般人更不幸。不但家庭贫穷，而且遭遇乱世，父亲留给他的唯一值钱的东西，就是生存的技巧。尽管索罗斯在父亲的保护下，躲过了纳粹的屠刀，迎来了和平的曙光，但年少气盛的他，毅然离开了祖国，只身来到英国实现自己的人生价值。

在英国冷漠的社会风气下，他似乎只得到了别人的排斥和令他痛苦的冷漠，除此之外，他还得到了一个坏消息——家里无力继续对他进行经济上的援助。那时候的他，吃饭都成了问题，要想活下去，除了自己想办法之外别无他法。

到哪里能得到维持自己生计的钱？索罗斯为此整天愁眉不展，寝食难安。就在他快要绝望的时候，有人告诉他在伦敦市区有一个"犹太人救济会"，也许他可以从那里得到帮助。得知这个消息的索罗斯高兴极了，心想自己这下有救了。可当他满怀希望地踏入这个救济会的时候，只得到了工作人员漫不经心的应付，最终，他们以"我们这里不救济上学的人"为由把索罗斯驱逐出门。

走投无路的索罗斯又气又恨，这是什么逻辑？"正因为上学，没有时间打工，才没有饭吃，没有饭吃才来这里要求救济，如果我不读书，有时间去打工，干吗还到这里申请救济？"愤愤不平的索罗斯没有放弃，既为了说理也为了取得救济金，他成了"救济委员会"的常客。

工作人员对这个固执的小伙子没有什么好感，因此，当他再来的时候，救济会的工作人员做出了伤害索罗斯的行为——根本不接待他，彻底将他拒之门外。无可奈何的索罗斯开始找工作，经历千辛万苦，费尽万般周折，他终于在铁路公司找到了一个在夜间替换搬运工的活儿。

但"屋漏偏逢连夜雨"，因为疲劳过度，索罗斯在搬运货物的过程中，不小心折断了自己的一条腿。铁路公司辞退了他，没有给他一分钱的补偿，生活还是没有着落，上帝并没有眷顾他。这时的索罗斯欲哭无泪，他感慨：这是什么人生啊，简直是炼狱！我一定要凭借努力过上想要的生活。

困难是对意志的考验，顽强的意志是成功的必备要素，誓言是对目标的态度，不懈的追求是成功的唯一途径。索罗斯面对令人绝望的生活所发出的誓言，使他拥有了追求财富的目标和动力，就算面对困难，也选择决不妥协、决不放弃，最终，他如愿以偿地过上了他想过的生活——赚了很多很多的钱，安心地学习，快乐地生活，并救济那些需要帮助的人。

缺少坚韧的个性，是绝大多数人没有成功的根本原因。我们在处于困境的时候，是否能像索罗斯那样决不放弃，坚定必胜的信念，发出这样充满斗志的誓言？

困难不意味着放弃

困难对索罗斯来说并不意味着眼泪，更不会意味着放弃。意志坚强的索罗斯只会思考克服困难的办法，而不会把时间白白浪费在坐以待毙的等待中。

当索罗斯拖着刚刚接上的残腿，再次来到了"犹太人救济会"的大门前的，面对身处绝境的他，救济会的工作人员并没有显示出一点点仁慈之心，反而厉声质问他为什么又来了。索罗斯开始进行痛苦的申诉，并编造了自己中断学业，非法在英国打工的谎言，最终"打动"了救济会的工作人员，他们认为索罗斯符合领取救济金的条件，这才发放给他争取已久的"救济金"。

但索罗斯领取的救济金仅仅持续了几周后就被中断了，理由是他提供的情况有假。无比悲哀、无比愤慨的索罗斯发誓："我生来一贫如洗，但决不能死时仍旧贫困潦倒。"他希望自己以后能赚很多的钱，让自己能安心地学习，快乐地生活，并救济那些需要帮助的人。

索罗斯在发这句誓言的时候，或许没有想到自己日后会成为一个亿万富翁，没想到自己会成为让很多国家谈"鳄"色变的金融领袖。"我觉得自己已经触底了，只能往上走。这个强有力的事件影响了我的一生，因为我很怕再过那种日了。"即使现在身价上亿，索罗斯也一直不愿把贴在办公室墙上的标语"我生来一贫如洗，但决不能死时仍旧贫困潦倒"摘下来，这是他挣钱的动力、人生的信条。

现在，拥有72亿美元以上个人资产的亿万富翁，拥有至高无上的领袖之称的索罗斯，永远不会在他离开人世时贫困潦倒，因为他现在赚钱的速度比花钱还快。

◎人物简介

乔治·索罗斯本名捷尔吉·施瓦茨，匈牙利出生的美国籍犹太裔商人，著名的货币投机家，股票投资者，慈善家和政治行动主义分子。现在他是索罗斯基金管理公司和开放社会研究所主席，是外交事务委员会董事会前成员。他以在格鲁吉亚的玫瑰革命中扮演的角色而闻名世界，在美国以募集大量资金试图阻止乔治·布什再次当选总统而闻名。

第五节　马云
——失败只是成功路上的插曲

失败是一种磨砺

马云曾说："对创业者来说，永远要告诉自己一句话：从创业的第一天起，你每天要面对的是困难和失败，而不是成功。"

1992 年，马云开始了他的第一次创业。他用当时身上仅有的在拉斯维加斯的老虎机上赢的 600 美金，买了一台 486 电脑，开了一家广告公司，主要业务就是在互联网上帮助企业发布信息。

当时的中国，因为大部分企业都没听说过网络广告这个东西，所以对于马云宣称的这种网络广告人们根本不相信。而且，当时很多人认为马云就是个骗子，所以马云的业务根本就无从下手。这样一来，马云公司的运营状况只能是勉强维持。

直到 1995 年，上海首先开通了互联网服务，马云以前所说的话才渐渐被人们接受。但是这并没能为马云的创业带来实际的收益。当时马云遇上了很多强大的竞争对手，就拿杭州电信来说，注册资本有 3 亿多元，并且有着丰富的社会资源和政府资源，而马云仅有 2 万元，与杭州电信这个正规军比起来，马云的网络广告可以说连游击队都算不上。很明显，这是一场实力不均等的竞争，但就算如此马云也没有放弃。

然而，毕竟实力悬殊——1996 年马云在与杭州电信的交锋中败下阵来。在这种情况下，为了让广告公司能继续运作下去，马云万般无奈之下把自己的公司以股份的形式加入到了杭州电信麾下。

可是这次合作依然没能挽救马云初次创业失败的命运。不久之后，马云的团队由于与杭州电信合作不顺利而集体辞职。显然，这意味着马云的创业又一次失败了。

1997年，马云接受了外经贸部的邀请，带了5个员工来北京给外经贸部做站点。他们租了一间不到20平方米的小屋子，他们通宵达旦地苦干了一段时间后，让外经贸部成为中国第一个拥有官方网站的部级单位。

马云的努力得到了认可，外经贸部决定另外成立一家公司：EDI（中国国际电子商务中心），由马云组建和管理，而且马云拥有30%的股份，但实际上马云一个月就只有几千元的工资，其他什么也没有。

经过一段时间的合作，尽管彼此之间并没有产生什么矛盾，而且在外界看来马云和外经贸部是一对黄金搭档，可是，受制于人的马云在工作中越来越感觉到很多问题不能有效地解决。

怎么办呢？经过反复思考，对于去留问题马云渐渐有了一个认识：中国的网络发展就要迎来新的一页，而互联网产业马上就会兴起，如果继续留在政府里，那么就对不起这千载难逢的良机。于是，马云很快在杭州开始二次创业。

面对创业时所遭遇的挫折，马云并没有放弃。马云曾经说："我不知道如何定义成功，但我知道什么是失败，那就是放弃。"

就这样，永不言败的马云于1999年3月在杭州一个普通的不会有人愿意多看一眼的住宅小区里，创办了如今赫赫有名的阿里巴巴。所谓磨难铸英豪，在经历了一次次磨难之后，马云最后收获了巨大的成功。

在今天，人们都知道马云创建了电子商务网站阿里巴巴，它的身价达到数百亿美元，马云也成为中国最优秀的企业家之一。当所有人都将目光聚焦在马云所赢得的荣誉和财富上，又有多少人还记得那个曾经无数次失败的马云？曾经穷困潦倒的马云？实际上，不仅是马云，相信所有成功的创业者在成功之前都会经历无数次的失败和打击，最后才能站上创业的领奖台。

坎坷只是路上的插曲

对于创业者来讲，失败其实并不是一件绝对的坏事。从某种角度上来说，它更应该是一种磨砺。创业者绝对不能因为一时失败而感到羞愧，相反，创业者可以把失败看成是一笔巨大的财富。如果创业者知道如何从失败中获取成功的经验，那么对于这些创业者来说，一次失败所产生的价值相当于以前所有的创业经验的总和。

马云曾经对创业者说过这样一句话："永远记住每次成功都可能导致你的失败，每次失败时好好接受教训，也许就会走向成功。"所以，在面对失败时，创业者应该学会从不同的角度去理解它的含义。其实，很多时候你的失败正是你最终走向成功的一个前兆，或许成功就隐藏在失败的背后，你没有看到它，只不过是因为成功没有按照你所预期的方式来临。

相反，在创业者取得成功时，也不能因为暂时的成功而迷失了方向。古人有一句话说得好："祸兮福之所倚，福兮祸之所伏。"所以，创业者在任何时候都不能放松警惕。我们虽然不惧怕失败，但是那些可以避免的失败还是应该尽量避开。

综上所述，创业致富的人之所以受人尊敬，就是因为他们承受着压力，冒着风险，随时面临着所谓的失败。但是创业者应该从战略上藐视失败的存在，因为失败只不过是一种心理状态，只要你有一颗顽强的心，没有什么困难能够击败你。这就是成功创业者异于常人的优点。他们不在乎路程上的风雨，因为在他们眼里只有一个目标，那就是成功。至于那些困难和坎坷，只不过是他们通往成功之路上的小插曲罢了。

◎人物简介

马云，男，1964 年 10 月 15 日出生于浙江省杭州市，中国著名企业家，阿里巴巴集团、淘宝网、支付宝创始人。首位登上《福布斯》杂志封面人物的中国大陆企业家，曾当选世界经济论坛未来领袖。2013 年 5 月 10 日，马云卸任阿里巴巴集团 CEO。现任阿里巴巴集团董事局主席、杭州师范大学阿里巴巴商学院院长、华谊兄弟传媒集团董事、菜鸟网络董事长等职务。

第六节 丁磊
——任何困难都要自己去面对

要敢于直面困难

丁磊曾说："对所有创业者来说，永远要告诉自己一句话：从创业的第一天起，你每天要面对的是困难和失败，而不是成功。我最困难的时候还没有到，但迟早有一天一定会来临。困难不能躲避，而且也不能让别人替你去扛。9 年创业的经验告诉我，任何困难都必须你自己去面对。创业者就要直面困难。"

如今的时代正处在巨大的变革之中，在这样的背景下，创业者抓住每一个可能是自己成功的机会就显得极为重要。但是，由于变革中的时代存在很大的不确定性，所以对于创业者来讲，机遇中往往也暗含着挑战。然而，许多年轻的创业者们不知道创业其实就是一个不断积累的过程。可以说，正是在一次次的跌倒与爬起中积累起来的经验，才是创业者最宝贵的财富。

丁磊作为当今中国 IT 行业的巨子，他在创业初期也曾经遭遇过失败和挫折，但是最后丁磊正是依靠在失败和挫折中逐渐积累起来的经验和教训，才把自己的事业一步步做大、做强。

1995 年 5 月，丁磊辗转多个城市之后来到广州，加盟刚刚成立的一家网络公司 Sybase。在 Sybase 工作一年之后，丁磊觉得自己除了每天安装调试数据库外，几乎没有别的收获，于是丁磊毅然决然地选择离开。

1996 年 5 月，丁磊又辗转到广州的一家 ISP 做总经理技术助理。在这家 ISP 打工时，丁磊通过自己的努力架设成功了 Chinanet 上第一个"火鸟" BBS，这开启了中国 BBS 的先河。但是好景不长，丁磊所在的 ISP 由于面临激烈竞争和昂贵的电信收费，几乎无法生存下去。

1997 年 5 月，丁磊在走投无路的情况下，只好再次选择离开。但是对于丁磊来讲，这并不能算做失败，因为他似乎已经找到了一个成功的法则。

这次丁磊并没有急于寻找另一份工作，而是静下心来总结自己在这几年工作中积累的经验。经过深思熟虑，丁磊最后决定自立门户，以实现心中的创业梦想。丁磊在成功之后回忆说："当时我并不知道自己的公司未来该依靠什么发展，我天真地认为自己只要编一些软件，做一些系统集成的工作就可以维持我的公司。而我的这种想法几乎导致公司到了无法生存的境地。"

网易公司最初创业的 50 万元人民币，有一部分是丁磊在过去几年一行一行编写程序赚来的，还有一部分是跟亲友借的。虽然丁磊这次的举动似乎是背水一战，但是，和前几次创业相比，丁磊此时已经拥有了足够的经验，而且他似乎离成功更近了。

在刚刚创业的前两个月里，丁磊都没有找到合适的合作伙伴。

网易公司只是利用丁磊那微薄的 50 万元创业基金苦苦支撑，假如在接下来的时间里再赚不到钱，那么丁磊的公司将难以为继。而此时的丁磊还不晓得什么是风险资金。而且，他也不愿意负债经营。这是因为互联网行业风险极大，最后是否能成功，丁磊自己也没有绝对的信心。

但是，丁磊最终还是靠着自己的能力和百折不挠的精神渡过了难关。

1999 年 5 月，网易公司经过两年的发展成为了中国最著名的门户网站之一。更难能可贵的是在全世界都认为互联网事业尚处在投入期时，网易公司就在 1998 年攫取了 400 多万元的利润。

2000 年 6 月，网易公司的股票在纳斯达克成功上市，而这时正值全球经济的低迷期，在纳斯达克上市的许多科技公司已经开始崩盘，所以网易公司的股票价格从第一天上市就面临着下滑。2001 年，丁磊曾经考虑卖出网易公司，但是最重要的买家——香港有线宽频因为网易公司财务出现问题而放弃了收购。虽然网易公司没能顺利卖出，但是这反倒让丁磊决定静下心来认真地经营自己的公司。可喜的是，不久之后，网易公司就在短信和网络游戏上获得了成功。这些成功来源于丁磊的执着。

丁磊成为第一个靠做互联网获得成功的中国创业者，而且丁磊还一度成为中国大陆首富。对于自己的成功，丁磊总结说："人生是个积累的过程，你总会有跌倒的时候，即使跌倒了，你也要懂得抓一把沙子在手里。"

要在进取中成长

"人的一生总会面临很多机遇，但机遇是有代价的。有没有勇气抓住机遇迈出第一步，往往是人生的分水岭。"

一个人想要实现自己的目标，除了需要付出汗水外，还要有积极进取和勇于开拓的精神。创业至今，丁磊时时刻刻都在关心着市场上出现的新技术，密切跟踪互联网事业的新发展，他每天工作的时间都长达16个小时，这16个小时中有10个小时是在互联网上。可以说，他是在不断努力进取和开拓创新中最终成长起来的。

丁磊认为，虽然每个人的天赋有差别，但作为一个年轻人，首先要有理想和目标。无论工作单位怎么变动，重要的是要怀抱理想，而且绝不放弃努力。

◎人物简介

丁磊，宁波人，1997年6月创立网易公司，凭借敏锐的市场洞察力和扎扎实实的工作，网易公司为推动中国互联网的发展做出了重要贡献，同时丁先生也将网易从一个十几个人的私企发展到今天拥有超过3000多名员工、在美国公开上市的知名互联网技术企业。

第七节　史玉柱
——参天大树都受过风雨的洗礼

坍塌的巨人大厦

20世纪90年代中后期，当年"十大改革风云人物"之一的史玉柱，决定在美丽的海滨城市珠海建一栋自己的大厦，作为个人创业的见证。可在他一次又一次地和总理握过手之后，这栋原本18层的楼房突然之间就被拔高到了70层。意气风发的史玉柱决心要盖中国第一高楼，虽然当时的他衣兜里所揣的钱仅仅只够为这栋楼打地基。

就是在这样的形势之下，巨人大厦很快坍塌下来。当时的史玉柱已经明白自己无力回天，因为他的巨人公司出现了持续性巨额亏损。但是，史玉柱的核心团队却没有一个人因此而离开，史玉柱在忠诚团队的支持下，决心东山再起。

史玉柱曾说："成功经验的总结多数是扭曲的，失败教训的总结才是正确的。只有失败的时候总结的教训才是深刻的，才是真的。"

没有经历过风雨的人生不叫人生，同样，没有遭遇过挫折的创业不叫创业。因为只有在风雨中，人才能学到更多的东西；也只有在挫折中，创业的各种险滩暗礁才能在下次或今后的事业中得到避免，从而获得最终的成功。在史玉柱这个有着太多失败经历的创业者身上，就有很多值得我们学习的经验和教训。

洗礼之后，东山再起

史玉柱在随后的反思中，明白了自己当时所犯下的错误。巨人之所以说倒就倒，首先是投资上的重大失误。其主因便是楼高70层、涉及资金12亿元的巨人大厦。该大厦从1994年2月到1996年7月建设期间，史玉柱竟从未申请过银行贷款，全凭自有资金和卖楼花的钱来作为支撑。而这个自有资金，就是巨人的生物工程和电脑软件产业。但明眼人都知道，以巨人在保健品和电脑软件方面的产业实力根本就不足以支撑起70层的巨人大厦的建设，就在史玉柱把生产和广告促销的资金全部都投入大厦的建设中时，巨人大厦便抽干了巨人公司的资金。

史玉柱在创业之初可以说是顺风顺水，特别是在1993年获得珠海市科技奖之时，尤其一帆风顺，成长迅速。1995年，巨人正式实施百亿计划，开始实现从大型企业向巨型企业的腾飞。百亿计划也就是巨人的第二次创业，一共分为三步走：1995 年力争完成 10 个亿，1996 年完成 60 个亿，1997 年则必须全面实现企业的百亿产值大计。

一年一大步，一年上一个新的台阶。也就是在这一年，史玉柱登上了福布斯的中国富豪榜第 8 位。那一年，他不但开始建造 70 层的巨人大厦，而且又开始实施三大战役，结果却在脑黄金战役中一败涂地。从珠海重奖到百亿计划，巨人功亏一篑，毁于一旦。

这也让史玉柱学会了思考创业中的一个重要问题，就是效益与速度的关系问题。毕竟做企业是有一个过程的，并且是一个漫长的过程，不要总想着一步登天。比如，1999 年之前，富士康公司用了将近 20 年的时间，忍受着低成长率的寂寞，终于打造出了新的竞争力，在以后 10 年的时间里每年的增长率都超过 60%。

不管是随后的史玉柱频繁转行也好，动辄跳槽也罢，史玉柱从软件做到保健品，又从网游做到黄金酒，给人留下的深刻印象便是聪明绝顶，他总能抓住市场上的新机会，而且市场营销的方法也让人觉得耳目一新。如果没有暴利，史玉柱是不会做的，做了也会放弃。暴利的原则正是史玉柱不断转行的主要原因，他总是在寻找高获利的产业和机会。

虽然史玉柱经营上很有魄力，收购青岛国货，将脑白金经营权卖给段永基，入主民生银行，在美国上市网游等，有人计算出史玉柱的个人身价曾高达 500 亿元，比黄光裕的还要多得多，堪称中国首富。不过，史玉柱经营企业 20 多年后，自身的全部销售额加起来也没有 500 亿元。

这些经验教训让史玉柱在今后的商业生涯中拥有了更多的经验，也才会有了今天的巨人网络。作为创业者，在不断开拓自身事业新领域的同时，能够反思自身创业过程中的教训，才能够学习到更多有价值的东西。

◎ **人物简介**

从巨人汉卡到巨人大厦，从脑白金到黄金搭档，史玉柱是具有传奇色彩的创业者之一。他曾经是莘莘学子万分敬仰的创业天才，5年时间内跻身财富榜第8位；也曾是无数企业家引以为戒的失败典型，一夜之间负债2.5亿；而如今他又是一个著名的东山再起者，再次创业成为一个保健巨鳄、网游新锐、身价数百亿的企业家。

第 4 章

创富大学数学课：造富是数字的游戏

　　每天数着钞票过日子是穷人的生活，每天对这代表金钱的"数字"操作是富豪的生活。一串串惊人的数字，一个个由贫到富历经千辛万苦而成就大业的富家子弟，一个个不为人知的神秘富豪的创富内幕，演绎了一幕幕从无到有、积少成多的创富数学游戏。

第一节 韩伟
——50 只鸡孵出的亿万富翁

在 2000 年《福布斯》中国"富豪榜"上，韩伟排在第 43 位，这使得原名不见经传的韩伟一下子成了名人，有人称他是"中国鸡王"。在此之前，韩伟一直在旅顺市的一个名叫东泥河的小山村默默耕耘，而他偌大的产业是从饲养 50 只蛋鸡开始的。

小山村里出了个"中国鸡王"

早些年，韩伟的公司有几个日本人到访，说是要跟他做生意。但是，这些日本人却闭口不谈生意，而是到处看，什么都要看，饲料、鸡舍、鸡蛋、鸡毛、鸡粪……但凡只要和鸡有关的，日本人都感兴趣。连续 3 年，日本人每年都来考察韩伟，弄得韩伟都有些不耐烦了。

实际上，日本人考察的真实目的，是在检测韩伟集团鸡蛋的质量，这是韩伟没有料到的。在经过历时 3 年的考查和近乎苛刻的检验之后，日本人向韩伟订货了。韩伟为这事儿，着实开心了一阵子。之后，韩伟开始重视开拓海外市场，也经常请别人到他的鸡场去看看，提些意见。

韩伟是脚踏实地做事的人，在旅顺口东泥河村的 5 个山头上，他搭建起一座特大鸡场，韩伟对自己所选鸡场的地理位置十分满意。为了永续经营，韩伟斥巨资买下了这 5 个山头。在别人看来，韩伟已经算是有钱人了，而韩伟并不满足。经过 20 年的打拼，韩伟积累了数亿财富，他说自己的成功主要是靠毅力。

说起韩伟养鸡，人们最为不解的是他怎样从养鸡专业户，成长为资产上亿的企业家。而要揭晓这个谜底，还得从头说起。韩伟的母亲生了 10 个孩子，韩伟是最小的一个。在他的记忆里，难以忘却的是儿时生活的贫穷与无奈。

韩伟长大后在当地的人民公社里工作，他负责公社的畜牧业。韩伟说："当时推动农村养猪养鸡是一个非常难的事情，因为不到 2 万人口的这个小公社，每年派购任务是 6000 千克鸡蛋。那么我就要为这 6000 千克鸡蛋忙碌 11 个半月。这是一项政治任务。我每天到各村了解养鸡情况，收鸡蛋，还要上报报表。这月完成了多少？下个月又完成了多少？每年基本上都是在 11 月中旬才能够完成。

这个时候还要扎一个彩车，到区政府去报喜，说明我们这个公社胜利地完成了这个年度生猪鲜蛋派购任务。现在回想起来蛮有意思。6000 千克鸡蛋是我们目前这个鸡场里 5 分钟的产量。"韩伟当畜牧助理员时曾得到一份资讯，当他得知发达国家的蛋鸡（鸡场里专生产蛋的鸡）年产蛋量比当地农户的鸡多好几倍时，天生不服输的韩伟决定下海，没想到除了妻子，得到了家里所有人的一致反对。

韩伟说："在这样一个贫困偏僻的山村，一个穷小子可以进入政府机关工作也算是光宗耀祖了。多少人想进去啊！而你进去了又想出来，没有人能够理解。包括我的哥哥姐姐都反对我，为了我辞职回家养鸡，我和兄弟姐妹还吵了几架。"1982 年，韩伟不顾家人的反对，毅然决定辞职下海了。他和妻子买了 50 只蛋鸡，风风火火地办起了家庭养鸡场。当然，最初的几年非常艰难，当时完全不懂财务，他们每天都在算，生怕亏了本。

天道酬勤，在韩伟与妻子的盘算中，鸡场一天天扩大，没过几年就从最初的 50 只鸡发展到 8000 多只鸡的规模。转眼间到了 1984 年，迫于资金的压力与发展的需要，韩伟向银行贷款 15 万元，成为当地第一个贷款的农民。当时许多人不理解韩伟的做法，现在要说起来都是蛮有意思的。当时要把这个鸡场搞好扩大，需要贷款，需要举债，而且这个举债数额巨大，当时农民对 1 万块钱都觉得数目很大了，15 万块钱简直就像是天文数字。严格来说，韩伟的第一桶金就是靠贷款赚来的，因为他的鸡场如果不扩大，他就赚不了多少钱。

努力钻研，发展企业

韩伟说："现在有的时候我在想，那个时候我的技术水平要达到今天这样，我的钱就赚得更多了。当时鸡的死亡率非常高，那时死的鸡，埋都没地方埋，一点办法没有。"创业初期，最让韩伟头疼的事就是给鸡治病，虽然镇子里有兽医，可镇子里的事情已经够他忙了，韩伟的鸡闹病的时候，他们有时也顾不上。万般无奈之下，韩伟的妻子到北京农业大学专门学习给鸡看病，回来之后，他们为了摸清鸡的习性，做了大量的工作。

每天要把死的鸡全部进行剖检，剪开看看到底是什么毛病，是营养代谢问题、是病毒病还是细菌病、是大肠杆菌还是沙门氏菌？他们都一一进行分析。通过一段时间的摸索之后，渐渐增长了很多知识。近水识鱼性，靠山知鸟音。时间一长，韩伟只要听到鸡的叫声，闻到鸡的气味，就能够判断鸡是否有病。

韩伟说："我已经练出来本领了，当我走在一个鸡场里面，鸡群非常健康的时候，我听声音就听出来了。要是不健康的时候，我一听声音，我心里马上就知道这个鸡场肯定有问题了。我有一次到保定一个乡村去参观鸡场，我们问老农：鸡场现在怎么样？回答说挺好的吗，我们都在笑，好什么？那个鸡叫声都不对了，'咕咕嗒嗒、咕咕嗒嗒'地叫，说明那鸡已经有病了。一个鸡群非常健康的时候，它应该'咕咕咕咕'地叫，这是健康鸡群的叫声。"尽管韩伟在实践中练就了一身过硬的养鸡本领，但不合理的养鸡环境却不能从根本上解决鸡瘟的问题。韩伟对庭院养鸡的弊端深有体会。

为什么呢？在乡村里人住在正房，小鸡养在厢房。人和畜混住，这样一种环境你如何去防病？你没有办法防。隔壁人家也在养鸡，很多家庭都在养鸡，你家鸡安全了，他家鸡不安全。你把鸡的病治好了，他家鸡的病没有治好，相互就生成了一个恶性的生态环境。这个环境不行。

经过思考，韩伟把鸡场挪到了山头，在科学养鸡的路上迈出了关键的一步。从那时候开始，韩伟非常注重人才，直到现在他还经常和科研人员在一起研究问题。

创业成功，回报社会

进入 21 世纪后，韩伟集团加大了发展力度，韩伟说他要抓住新的机遇，把企业做大做强。对于自己败走麦城的经历，韩伟并不避讳，他也曾陷入多元化经营的误区。经过 20 多年的历练，韩伟已经是一个成熟的商人了。在他看来，一个成熟的商人首先要树立正确的赢利观。"我始终坚持这样一个信条：就是作为一个企业经营者，一定要树立良性的义利观，就是说无利可图不可以做，唯利是图是坚决不能做。"

韩伟集团在早期是家族企业，随着企业规模的扩大，韩伟求贤若渴。对待财富，韩伟也很豁达，他在为企业寻找优秀的人才时毫不吝啬。他并不要求子承父业，他很尊重孩子们的兴趣和选择。目前，韩伟正在实施生态农业的构想，打造绿色产业链条，搭建新的产业平台，以适应新的商业模式的要求。家乐福的中国区代表在参观了韩伟集团之后，愉快地表示，像韩伟集团这样的企业，正是他们在中国寻找的合作对象。

韩伟说："在过去 20 多年的发展过程中，我们打造了一个巨型的产业平台，我们已经形成了一个能够和大商场相对接的平台。在未来的发展过程中，一定要将我们这个产业平台做强做大。在做大的同时，我们要通过拉动更多的农户，借助我们这个平台，形成一种产业群体，也就是公司加农户。不仅我们富裕起来了，而且我们还要带动更多的农民富裕起来，因为每一个农民单体想做大都很不容易。"

20 世纪 50 年代，美国有 7000 多家养鸡场，现在只剩下 7 家了，其中最大的一家有 2000 万只蛋鸡。韩伟说中国的禽蛋产业也一定要走集约化、高科技的道路。韩伟力争要使自己的鸡群超过 2000 万只，要达到这个目标，韩伟还有很长的路要走。

行行出状元。韩伟从 50 只鸡开始，经过 20 多年的努力，成了养鸡专家，成了养鸡大户，成了拥有十几亿元的富豪，人称"中国鸡王"。

◎ 人物简介

韩伟，1956 年生，辽宁大连人。大学专科毕业。历任辽宁省青年联合会常委，辽宁省政协委员，共青团大连市委员会委员，旅顺口区政协委员，旅顺口区工商联副主任委员，大连市畜牧兽医学会理事、畜牧师，大连市韩伟畜牧开发公司董事长，中外合资大连伟嘉畜牧业开发有限公司董事长，辽宁省家禽研究会会员，辽宁省青年企业家协会副会长，中国乡镇青年企业家协会理事。第十届全国政协委员、全国政协经济委员会委员。曾荣获辽宁省文明专业户，辽宁省优秀青年厂长经理，市、区劳动模范，大连市十大新闻人物，大连市优秀青年企业家，辽宁省优秀青年企业家，全国新长征突击手等荣誉称号。

第二节　于超
——500 元搏出来的防水大王

穷学生立志创业

于超，1970 年出生于河南省一个贫困的农村，父母都是农民，小时候家里非常贫穷，常常缺衣少食。于超说："我上初二以前没有穿过新衣服，我的衣服全是城里亲戚给的旧衣服。由于家里穷，妹妹没读过一天书，弟弟 3 岁时就送了人。"在这样的艰苦环境下，于超力争上游，发奋学习，1990 年考上了河南大学，并靠助学金和奖学金读完了大学。

1994 年，于超从河南大学毕业，留校在保卫处当了一名保安员，月工资 263 元。于超认为收入太低，养不了家。两个月后，他果断辞职了，到上海的一家皮革厂打工。皮革厂里的一个台湾老板的工作精神深深触动了他。为了赶时间，那位台湾老板时常一边啃着馒头一边跑步去开会。于超暗下决心："我要学习人家的敬业精神，艰苦努力创立自己的事业。"于是，于超再次辞职了，先后到广东、浙江等省市的 11 个企业去打工，因为他觉得，要想创立自己的事业，必须学习新知识和积累更多的经验。他一边打工一边寻找创业的机会，同时他下定决心自己一定要当老板。

1997 年 5 月 30 日，27 岁的于超怀揣着借来的 500 元钱，从农村老家来到山城重庆，因为他认为重庆即将成为直辖市，将要获得很大的发展，大量商机将要涌现，这是一个可以大有作为的地方。

不过，大城市里并非到处都有"金元宝"，于超转了几天并没有找到自己的发财创富之路。由于身上只带有500元钱，他落脚重庆菜园坝后，处处精打细算。他用1元钱买了张地图，在菜园坝附近找到了一间"棒棒旅馆"（就是挑担的脚夫住的小店），每天住宿费3元。饿了就花1.5元买碗饭，找个废旧报纸多的地摊，坐下来，浏览报纸上的信息。

为了省钱，多远的路他都尽量不坐车。到了炎热的夏天，他干脆花2元钱买了张凉席，席地而睡。在皇冠大厦扶梯的通道处，他一住就是一个多月。

正在无奈之时，一个做防水工程的企业吸引了于超的目光，他觉得这个行业很有市场前景——因为但凡要挖土的工程都要做防水，房子旧了也要做防水，重庆是山地，而且雨水多，防水更是不可或缺的工作，新直辖市必然会有大量的工程即将开工建设。于超决定搞防水这个行业。

他到一个老乡办的防水公司，直截了当地说："我帮你开发市场，不要工资，只要提成。"于超的勇气和魄力感动了这位老板，他被破格录取了，开始了免费的打工生涯。

1998年，重庆主城区进入建设高潮，大量城市基础设施建设陆续动工，防水工程材料也十分走红，但许多建设单位并不买他们的货。于超发现，重点项目的源头是设计院，要拿到项目，必须从设计院入手，先和设计院搞好关系，把产品推荐上去，才能得到订货。最后他以赊销的方式取得突破，第一年卖出了40多万元。

自己创业成富豪

1999年，于超代销的防水材料已占据重庆近半壁江山。于超说："渝中区的 8 个广场，如大都会广场、地王广场、朝天门广场等，我拿下了 7 个。"于超对自己的一件件"作品"非常自豪。这一年，他赚到了 200 万元。他自己说这是他赚到的第一桶金。

2000 年，于超拿着 200 万元自立门户，注册了"重庆市上隧防水工程有限公司"，自己任董事长，开始了创业之路。经过 8 年的奋斗，公司资产已经超过亿元，成为名副其实的防水大王了。于超说："全国的防水工程每年有 700 亿元～800 亿元的市场，其中重庆每年有近 2 亿元的市场，我已经占据了重庆防水工程一半的业务，接下来准备进军全国市场。"于超对今后的发展很有信心。

由于防水工程主要和房产行业打交道，于超在工作中也熟悉了房地产行业的运作方式。后来，他拍下了一块土地，准备搞房地产开发，接下来进军房地产行业。

常言道：有志者事竟成，功夫不负有心人。于超的成功就验证了这两句话的正确性。于超由于自己的努力，终于踏上了成功之路。

◎人物简介

于超原是一个清贫的大学生，大学毕业后到处打工，学习各种行业的知识，学习别人的创业本领。他从小就能吃苦，不怕累。他千方百计地寻找适合自己的创业项目。在重庆他发现干防水这个项目很有前途，开始他给别人打工，而且不要工资，只拿提成。第二年他就赚了 200 万元，于是他就创立了自己的防水公司。几年来，他已有了上亿元的资产，并且他已打算进入房地产行业了。

第三节　祝义才
——200 元缔造雨润集团

人生有很多变数，过去说"三十年河东，三十年河西"，现在看来这个时间怕是要缩短了。十几年前刚从农村走出来的祝义才，只是一个清贫的大学生，现在的祝义才却成了江苏省雨润集团的总裁。雨润集团稳居我国低温肉制品行业"老大"地位，近年来还涉足房地产、纳米、医药和 IT 业等多个领域。在 2008 年的《福布斯》中国富豪榜上，祝义才以 66.3 亿元的财富名列第 25 位。

初次下海当鱼贩

祝义才说："大多数成功者的背后，都有一部血汗史。"他把其中的门道摸了个"透"。但他没在自由市场里做卖鱼的"小老板"，而是把目光投向利润比零售更大的水产品出口贸易。他从电话簿中查到了一家水产品贸易公司的地址，鼓足勇气上门自荐合伙。人家认为他是个"疯子"，此时的祝义才一无营业执照，二无办公地点，三无充足的资金，充其量不过是个"皮包公司"的"光杆司令"，他被拒绝了。

第二天早上起来打起精神，祝义才又上门了……一连 4 次之后，对方终于松口了："不然，试试看，先拿样品来。"祝义才兴奋地直奔水产市场，从几个老板手中赊了几只上等虾蟹做样品，获得了对方的首肯，合作就这样开始了。

拿到第一份订单，他坚持自己收购自己送货。这股肯吃苦的干劲为他赢得了名声，他不断拿到大公司的订单，当年销售额达到 5000 多万元，他净赚了 380 万元。一个"穷孩子"能这样顺风顺水地挣到大钱应该满足了，但祝义才的心不止于"脱贫"，他想做一番大事业。

一年后，他开始感到这样下去是不行的，贸易做得再好，也只是个中介行业，是个风险大并且不稳定的行业，干实业才能称得上是真正的事业。于是，祝义才背着小包独自踏上旅途，开始到各地去做市场调查，他沿着长江对上海、南京、武汉、重庆等 20 多个大中城市进行市场考察。他发现：人们对食品的需求仍是首位。民以食为天，他粗略地估算了一下：中国 10 多亿人口，随着生活水平的提高，肉食的消费量必然会增加，肉制品加工在长时期内将是"朝阳产业"。祝义这才下定决心做肉食品了。

再次创业做肉食

1993 年 1 月祝义才和妻子吴学琴创办了南京雨润肉食品有限公司，针对当时已经非常火爆的"春都"、"双汇"、"郑荣"等厂家的高温肉方向，他决定搞国际市场上新的主流方向——低温肉制品加工。

面对当时市场上几大品牌的压力，祝义才决定"避实就虚"，别人抢占大城市，他去开发小城市和乡村。他发现，相比销售主战场大超市、大商场，酒店和街道小副食店并不被大品牌重视。然而，产品能不能被消费者认同，这两块市场上的声誉是无形的"商标"，祝义才决定从这里开始攻市场。

一家又一家，尽管销货量小，手续繁琐，但一年多坚持下来，竟也拼下了 2000 多万元的市场。300 万元起家的民营小厂雨润在南京城里站稳了脚跟。接下来，在江苏全省，在上海，祝义才运用同样的"蚂蚁啃骨头"策略，以"小店包围大店"的方式蚕食市场。他甚至一度采取超常规的营销策略，对一些地区代理商免费赠送相当数量产品，销售收入归代理商所有。这一招在当时有"闻所未闻"的轰动效应，代理商又惊又喜，亮开嗓子替雨润吆喝。

祝义才回忆："当时有人反对，认为投入太高，企业赔得太多。"但是不久，反对的声音就消失了，因为送出了几十万元的货物后，雨润拿下了数千家忠实的代理商和发散出去的千家商户及其背后数千万元的市场。

除了另辟蹊径抢市场外，祝义才对自己的行业头脑很清醒："食品行业是长线产业，只要消费者认准了，一般都会长期认可。所以除了各种销售策略外，更重要的是质量和信誉。"南京一家副食店多付了 5 万元货款，祝义才得知后，立即亲自带着业务员登门退款；贵阳有客户要求购买几十公斤产品，雨润立刻将产品空运到贵阳……

"不以善小而不为"，祝义才把自己诚恳诚实的个性贯穿到雨润的经营中，带来了意想不到的收获：雨润不仅很快拿下上海市场，占领了华东市场的制高点，祝义才"一年占领华东，二年覆盖长江以北，三年走向全国"的计划也很快变为现实。到 1996 年，雨润年产值已经超过亿元，成为国内低温肉制品行业的领军企业。

兼并企业，扩大生产

尽管祝义才一直不声不响地在肉制品行业里"攻城略地"，但真正使他成为众人瞩目焦点的，是他对 17 家大中型国有亏损企业"惊人"的"兼并之作"。

1996 年，随着雨润的发展，扩大生产规模成了当务之急。此时，曾是国家一级企业的南京罐头厂已经停产 5 年，负债超过 7000 万元。由于民营企业自建厂房涉及征地、安装等一系列问题，操作起来手续十分繁杂且需很长时间，大有远水解不了近渴之势，祝义才萌发了收购罐头厂的念头。

尽管作为江苏省首例民企收购国企案，祝义才还是得到了南京市政府的全力支持，可是具体操作中困难重重。

罐头厂职工对手里的"铁饭碗"将变成"泥饭碗"这件事情十分想不通，他们封门、静坐、谩骂……甚至有装着子弹头的恐吓信寄到祝义才手中，导致收购的事陷入僵局。面对混乱局面，祝义才对下属说："我知道，盖新厂房比这简单得多，但国家多年重复建设闲置下来的厂房设备也是资产啊，能忍心看着它烂掉？盘活它，为国家分了忧，企业也由此上了台阶，干得不好，你们跟我一道丢人。"

后来，他提着铺盖卷进了罐头厂，6 天召开了 5 次职代会，与原厂职工对话，并当场表态：一、决不拿走厂里的一草一木，投产后的利润用于企业自身发展；二、原厂职工全部接受，并保证工资高于南京国企职工平均水平；三、原厂拖欠的职工（包括 600 多名离退休人员）工资和医药费核实后分期报销。这下才稳定了职工情绪。

祝义才的部下回忆说，那段时间他每天工作 10 多个小时，亲自带头清理厂区多年积下的垃圾。此后雨润投入 1 亿元进口设备，对企业进行改造扩建，改造投产后的工厂 5 个月销售 9600 万元，赢利 500 万元。祝义才的收购不但使原厂下岗职工得到了妥善安置，盘活了国有资产，雨润也得到了生产用地、厂房和熟练工人，真正实现了"三赢"。

此后，祝义才又频繁出手，相继在江苏、安徽、河北、辽宁、四川等地收购了 17 家国有中型企业，盘活资产 6 亿元，投资近 10 亿元加以改造。神奇的是，每一家被雨润兼并的国企都起死回生，呈现生产快速发展、销售额大幅增长的良好状态。

2002 年，南京金福润食品销售额达 4.6 亿元，相当于兼并前最高销售历史纪录的 9 倍。祝义才的"低成本"使雨润快速发展为拥有 28 个全资子公司、年销售额 41 亿元的国内最大低温肉食品生产集团。回忆这段历史，祝义才承认："成功的多次收购是我的事业发展中非常关键的阶段。"

面对日益膨胀的事业，祝义才保持着"下海"之初的冷静。他采取"公司＋农户"模式，在江苏、安徽、四川等农业大省建立了数个畜禽良种基地，保证生产原料的质和量。销售方面，采用专门程序和内部网络进行物流调度指挥，形成全国性的生产、运输、销售、服务网络。

在企业内部，他聘任高校教授、博士为员工授课，2001 年底，还被人事部批准在雨润设立"博士后工作站"，保障了企业的技术优势。

对自己创造的一连串事业奇迹，祝义才的解说也很独特："困难就是机会。从创业开始，我一无靠山，二无人际关系。赚钱少别人看不上的，又苦又累别人不愿做的，风险大别人不敢做的，我去做。面对困难我想办法解决，困难解决了就会转化为发展的机会。"他还说："做到今天这个规模，企业其实是社会的，个人只是代表了这个企业。我们都是普通人，无论在事业上还是生活中都要面对各种诱惑，都要选择。其实，我每天从早上 7 点一直要工作到夜里 23 点才能休息，很少有生活享受。人生应该做一番事业，应该对社会有所贡献。"

祝义才拥有强烈的创业愿望，他勇敢地辞职下海。他深入水产市场了解"门道"并掘得"第一桶金"后，认为做水产虽然利润可观，但规模受限，不可能做成"大企业"，决定改行。经过考察，他选择了肉制品行业。由于他的经营才能、正确决策，终于把"小蛇"变成了"大象"，成了中国的大企业。

◎人物简介

祝义才出生于 1964 年，1989 年毕业于合肥工业大学，后下海经商。1996 年雨润收购国有企业南京罐头厂，祝义才成为江苏省首个收购国企的民营企业家。2001 年祝义才介入房地产行业，2001 年祝义才首次入选《福布斯》杂志中国百富排行榜，位列第 53 位，资产 8.8 亿元。

第四节　任正非
——从 2 万元创业到年销千亿

任正非和华为公司的成功有三个要素：

一、他们看准了当时中国的通信手段十分落后，还是人工交换机，自动程控交换机很少，进口价格也很贵；

二、他们集中力量研制自动程控交换机，自己研制成功后，价格只有进口价格的一半还不到，一下子就占领了全国绝大部分市场；

三、他们以最好的售后服务站稳了脚跟。于是，他们终于发展成了年销售额达千亿元的大企业。

两万元人民币创办企业

1987 年，正是我国改革开放后许多人下海创业的高潮时期，43 岁的退役解放军团职干部任正非与几个志同道合的伙伴，以凑来的 2 万元人民币创立了华为公司。干什么呢？他们研究后认为当时中国的通讯业十分落后，当时每千人才有一部电话机。所以希望针对此领域谋得发展。

创业初期，华为公司靠代理香港某公司的程控交换机（即自动电话交换机）获得了第一桶金。此时，国内在程控交换机技术上基本是一片空白，通信系统用的大都是人工接线的老式交换机，效率很低。那时往外地打一个电话，一般得等几十分钟，甚至几个小时。当时买进口的程控交换机价格十分昂贵，任正非敏锐地意识到了这项技术的重要性，他将所有资金投入到研制程控交换机的自有技术中。

任正非看准了这个商机——华为研制出了 C & C08 程控交换机，由于价格比国外同类产品低 2/3，功能与之类似，所以 C & C08 交换机的市场前景十分可观。华为成立之初确立的这个自主研制技术的策略，让华为冒了极大的风险，但也最终奠定了华为适度领先的技术基础，成为华为日后傲视同业的一大资本。

但是，当时国际电信巨头大部分已经进入中国，盘踞在各个大城市里，华为要与这些拥有雄厚财力，先进技术的百年老店直接交火，未免是以卵击石。最严峻的是，由于国内市场迅速进入恶性竞争阶段，国际电信巨头依仗雄厚财力，也开始大幅降价，妄图将华为等国内新兴电信制造企业扼杀在摇篮里。

任正非选择了一条后来被称之为"农村包围城市"的销售策略——华为深入广大农村市场，步步为营，最后占领城市。电信设备制造是对售后服务要求很高的行业，售后服务要花费大量人力、物力。当时，国际电信巨头的分支机构最多只设立到一些大城市，对于广大农村市场无暇顾及，而这正是华为这样的本土企业的优势所在。

另外，由于农村市场购买力有限，国际电信巨头基本上放弃了农村市场。事实证明，这个战略不仅使华为避免了被国际电信巨头扼杀，更让华为获得了长足发展，培养了一支精良的营销队伍，成长起来一个研发团队，积蓄了打城市战的资本。

因此，在当年与华为一样代理他人产品的数千家公司，以及随后也

研制出了类似的程控交换机的中国新兴通信设备厂商纷纷倒闭的时候，华为在广大的农村市场的业务却十分兴盛。

任正非是一个危机意识极强的企业家，当华为度过了风险极高的创业期，进入快速发展轨道的时候，他已经敏感地意识到了华为的不足。

1997 年圣诞节，任正非走访了美国 IBM 等一批著名高科技公司，所见所闻让他大为震撼——那么近距离、那么清晰地看到了华为与这些国际巨头的差距。任正非回国后就发动了一场持续 5 年的内部改革，华为开始了一方面学习西方先进经验，一方面反思自身、提升内部管理的阶段。

抓好售后服务

任正非很早就认识到了服务问题，他很早就提醒说："中国的技术人员重技术开发，轻技术服务，导致维护人才成长缓慢，严重地制约了企业的均衡成长，而外国公司一般都十分重视服务。没有良好的售后服务，就会影响企业的发展。"

相对于欧洲老牌电信设备提供商来说，华为的优势之一是反应快速。华为负责海外市场的副总裁邓涛以自己的亲身经历说，欧洲企业普遍反映比较缓慢，用户提出一个修改建议，他们往往要一年甚至一年半才能改进。而中国企业只要用户有需求，总是能加班加点，快速反应。

一个要一年才改进，一个只要一个月就能改进，优势自然体现出来了。

欧洲人福利待遇好，工作与生活分明，工作以外的时间一律不再谈工作，更别说加班了。而华为作为成长型企业，更由于任正非一直提倡的拼搏精神，华为员工的工作与生活基本上是没有什么分别的。为了一个单子可以不回家过年，有任务就立即顶上去已经成了华为人的工作习惯。

任正非曾经说："以顾客为导向是公司的基本方针，为了满足用户的要求，我们还会做出我们更大的努力。"早在1998年，华为就在全国建有33个办事处和33个服务中心，与22个省建有合资公司，在莫斯科设立了代表处，在东欧十多个国家安装了设备，为香港提供了商业网、智能网和接入网。

对华为这样一个中国企业而言，竞争对手是全球各发达国家的世界级巨子，他们有几十年的经验积累，有世界一流的技术人才和研发体系，有雄厚的资金和全球著名的品牌，有深厚的市场地位、客户基础和运营经验，有覆盖全球客户的庞大的营销和服务网络。面对这样的竞争格局，面对如此的技术及市场壁垒，华为没有任何经验可以借鉴，只有通过勤奋弥补。

总结华为18年来的快速发展，任正非这样说："18年来，公司高层管理团队夜以继日地工作，有许多高管人员几乎没有什么节假日，24小时不能关手机，随时随地都在处理发生的问题。我们没有什么可以依赖，只有比别人更多一点奋斗，只有在别人喝咖啡和休闲的时间努力工作，只有更虔诚地对待客户，否则我们怎么能拿到订单？"2007年8月6日，华为发布2006年年报，其2006年销售额为672亿元人民币。当时，有研究机构预测，华为的销售额将在2007年达到1000亿元人民币。从2万元资金起步，到1000亿销售额，华为仅用了18年时间。

华为快速成功有下述原因：

1. 华为一开始就抓住了核心技术，成功研制了程控交换机；
2. 华为员工有献身精神，一切为了企业的成功；
3. 华为采取了"以农村包围城市"的正确战略，首先占领国内市场；
4. 售后服务做得好。

◎人物简介

任正非出生于 1944 年 10 月 25 日，父母是乡村中学教师，中、小学就读于贵州边远山区的少数民族县城，毕业于重庆建筑工程学院，1974 年应征入伍到基建工程兵部队，历任技术员、工程师、副所长（技术副团级），无军衔。1983 年转业至深圳南海石油后勤服务基地，工作不顺利，转而在 1987 年集资 1000 元人民币创立华为公司，1988 年任华为公司总裁至今。2011 年任正非以 11 亿美元首次进入福布斯富豪榜，排名全球第 1153 名，中国第 92 名。在《财富》2012 "中国最具影响力的商界领袖" 榜单中位列第一，2013 年蝉联第一。

第五节　黄伟
——3 万元创造亿万富豪

打的路上发现商机

黄伟，1983 年参加工作，先后在旅店、供销社做过服务员、工人、仓库管理员、采购员和业务员，因为他工作认真负责，很快就被提升为业务主办，一个人带领几个采购员，负责整个供销社的采购工作，之后又调到广东阳春市商业局主管商场业务。或许正是由于这一段复杂的工作经历，让黄伟非常擅长与人交往、善于倾听别人意见和善于观察周围的事物。1991 年，黄伟调到了深圳的深房集团，在这里他熟悉了房地产行业。1992 年 10 月他决定辞职自己干。1993 年的 3 月，他在深圳市宝安区成立了新世界实业公司。

在黄伟的创业过程中，真正起家是在挥师梅林之后。而促使黄伟将

公司从宝安搬到梅林，决心从事房地产开发这件事的起因，竟是一个出租车司机的一席话。

1994年的一天，在一次打的途中，黄伟与的士司机的闲聊让他深受启发。这位司机说他虽然来深圳已经很长时间了，但因为房价太贵一直没有买房。黄伟问："如果房子总价只要十来万，面积30多平方米，每平方米单价在3000元～4000元之间，首期只要两三万元，你能接受吗？"司机说这样很多人就能买房了。

黄伟经过详细调查，认为这确实是个很好的信息。于是黄伟就开发了一批小居住面积商品房，销售火热，黄伟赚了不少钱，为他后来进行更大规模的房地产开发奠定了经济基础。经过20世纪80年代和90年代火热开发后的深圳，聚集了来自全国各地的人才，黄伟那双锐利的眼睛也开始捕捉一些不易为人发觉的新变化——罗湖区的堵车现象越来越严重，原来居住在那里的一些富人和白领开始向福田区移居，世界大公司和财团也纷纷落户深圳……

这些现象汇总来，预示着福田区正在成为深圳市的新中心，那么，相应地，福田区应该有与之相配套的高档住宅与写字楼。

2000年，深圳市政府关于福田中心区的新规划浮出水面，但是尚未正式公布。当时许多人还有点拿不准，都不敢动。但是黄伟发现，位于新规划中的福田中心区有一座高档商住楼——江苏大厦已经拔地而起，新的市政府大楼也开始破土动工。不能再等了，黄伟当机立断，买下了离江苏大厦不远处的一块地。

机会常常稍纵即逝，没有敏锐的眼光，没有当机立断的决心，是不会成功的。当初，黄伟能够买下那块地，也与当时的融资政策有关。因为当时只要拿到地，就可以用地向银行抵押贷款，从而避免自有资金的不足。后来政府取消了这一政策，规定了自有资金的比例。而这时候，黄伟已经破蛹为蝶，他已经不缺资金了。

初创业时，他的积蓄并不多，公司只有 3 万元和包括自己在内的 3 个人，开始做房地产销售代理，凭着一张能说会道的嘴巴和诚信，顾客们都非常信任他，他的客户不仅自己买楼，还介绍亲戚朋友都来买房。因为当时的销售形势异常火爆，他挣到了一大笔代理费，这是他人生中的第一桶金。随后，黄伟又在宝安尝试性地开办了酒楼、歌舞厅、建材公司，并做了一些小规模的地产开发活动，但都不成功，甚至引来了十几个官司。曾经有一段时间，黄伟几乎是天天上法院。这一段经历，给黄伟留下更多的是不愉快的记忆，但也让黄伟懂得了在企业经营中应该有风险防范意识，最好做自己熟悉的事情。

放眼全国投资服装城

伴随着福田中心区一座 60 层高楼冲天而起，黄伟的眼光更远大了，他又投向了正在蓬勃兴起的长江三角洲地区。凭着敏锐的商业眼光，他觉得那里有无限的商机在等着他去挖掘……早在前些年，公司就已经做了几个投资长三角的项目计划，但是，黄伟却一直没有立即投资。

有一天，一个朋友委托他在广州帮助买一个服装市场的铺位，说每平方米价格在 3.8 万元左右，等他来到广州的那个市场，却发现铺位的价格已经涨到 7 万元左右，还买不到。但他的朋友却说，即使比这价位高一点也要买，黄伟有点傻了，他开发过许多楼盘，却不知道专业交易市场的铺位这么值钱、这么抢手。

随后，他立即委托了几家公司对全国专业交易市场进行调研，结果几乎一致认为：专业市场几乎没有一家亏本的，而且还供不应求。黄伟经过深思熟虑，最后选择在无锡做专业市场。之所以选无锡，是因为无锡在历史上就有"布码头"之称，地处长三角中心，交通发达，到南京和上海分别只有 1.5 小时，到杭州也只用 2 小时。

中国是全世界的纺织大国，长三角完全有实力建一个全球最大的纺织服装城。2004年，黄伟以巨资拍得了无锡市一块地，投资40亿元，开始建设全球最大规模、最高档次的纺织服装城。

黄伟做人很低调，他认为这样负面的影响少，并且可以减少很多麻烦事。但在事业上，黄伟是一个富有激情、勇于创新、不断挑战自己的人。黄伟说："我的性格如同炉子中的煤，一旦燃烧起来，就会把炉子烧穿。"黄伟认为一个人吃亏了也就是占便宜了，占便宜了也就是吃亏了；同样，精了也是笨了，笨了也是精了。黄伟将这个为人处世的辩证法运用得很好。

总结成功的经验

黄伟认为：如果决策错误，企业发展得越快，失败也就会越快。决策对了，执行力就很重要。执行力主要是思想，是人的问题。用对了人，就等于成功了一半。反过来，如果用错了人，等于失败了90%。其交友原则是儒家的三多：多质、多量、多闻。

多质，是要交思想素质好的人，因为古人就告诉我们"近朱者赤，近墨者黑"的道理。多量，是讲肚量，即交友要交心胸开阔、有度量、能干大事的人，这样你跟着他也能成就一番事业。如果跟着小人，自己也会变成小人。多闻，就是知识面要广，看问题有深度，交这样的朋友可以学到很多道理。来自广东阳春的黄伟，仅用了13年，就把自己那个当初只有3个人、3万元的小公司，"折腾"成现拥有员工400人、12家子公司的大型企业集团了。

黄伟是一个有心人，他做事很干练，这些优点与他丰富的经历是分不开的。他干过很多行业，接触过很多人。他善于倾听别人的意见，善于观察别人的行为，这锻炼了他高水平的商业眼光，使他能及时发现商机且抓住商机。经过十多年的奋斗，他以3万元起家的小公司变成了拥有数十亿元资金的大企业，获得了成功。

◎人物简介

　　黄伟在多种行业里工作过，他是一个商业经验很丰富的人，同时，他也是一个很细心的人。他善于学习别人的长处，善于交朋友，善于总结经验。他能够随时随地发现商机，所以他的企业很快发展壮大了。现在，他拥有十几亿元的资产，成了一个大商人。

第六节　王填
——把 5 万变成 5 亿

　　王填，湖南省湘乡人，1968 年 1 月出生，现任步步高商业连锁有限责任公司董事长。1995 年，王填辞去一家公司的业务科长职务，借款 5 万元，创办了自己的步步高公司。到 2004 年在湖南已发展到 9 个地市，营业面积达 12 万平方米，员工超过 1 万人。

　　1996 年以来，王填先后当选为"湘潭市第十一届人大代表"、"第六届青年联合会副主席"，同时被授予"湘潭市第四届十大杰出青年企业家"、"湖南省杰出青年岗位能手"、"全国兴业领导人"等荣誉称号，2003 年当选为第十届湖南省全国人大代表，2008 年再次当选为第十一届湖南省全国人大代表。

会做生意的穷学生

　　1987 年 9 月，王填考上了湘潭市商业学校。一天，王填去学校附近的一个商店买笔记本，忽然听到一个男学生和店老板争吵。那个男学生大声地说道："你卖的热水瓶质量不好，还没有用上3个月，就不保温了，我要求换一个。"那个店主一听这话，着急地解释道："我们这里没有瓶胆，你还是再买一个新热水瓶，我在价格上优惠一点好不好。"一听到这句话，聪明的王填动了下脑筋一想，如果专门卖热水瓶胆，肯定能挣钱，于是王填开始在小范围内做热水瓶胆销售。

湘潭市商业学校的市场基本饱和后，他又将眼光放到了湘潭市的其他大中专院校。两年来，他几乎将湘潭市大中专院校的热水瓶胆生意垄断了，生意一直红红火火，他再也不是以前的穷学生了。王填在中专要毕业时大量寻找有关湘潭市著名企业南北特食品公司的资料，根据自己的所看所想，王填写了一封长达5页的信，在信里面他颇有见地地肯定了南北特的服务优势，同时善意地指出了其经营上还有待改进的地方。除此之外，王填还把自己在学校推销热水瓶胆的经过写出来，并加了一些自己推销的感想。后来，在学校分配见面会上，南北特公司总经理当着许多同学的面，点名要王填去南北特公司上班，让其他同学惊讶不已。

1989年8月10日，王填如愿以偿地来到南北特食品公司上班。王填的具体工作是搞业务内勤，接听电话。半年后，王填把自己的工作体验写了一个详细的工作报告，在报告中还写了不少建议性的意见，并写了自己想当业务员的想法。很快，王填的愿望实现了。半年后他从一个勤杂工变成了采购员，负责公司的食品采购工作。3年后，王填因为业绩突出，被公司任命为业务科长。

1994年3月，王填主动要求下岗，他要自己创业，决定做食品零售生意。他将自己的公司取名为湘潭市步步高食品公司。没有资金，王填就找亲朋好友借，最后凑齐了5万元。

当时做食品批发，5万元顶多只能进半车植物油。然而传统的商品很难让自己新开张的公司打开销售局面，提高知名度，要想改变这种状况，只能做新产品。那时，方便面在全国销售势头很大，而方便面中又数统一牌方便面市场潜力大。选来选去，王填选择先做方便面生意。经过一系列谈判工作，王填拥有了台湾统一集团方便面在湘潭的总经销权。统一方便面运到湘潭后，销售势头出奇的好。

细心人容易发现商机

有一次，王填去离湘潭市不远的湘潭县城做市场调查，发现统一方便面在湘潭县城寻不到踪影。为了改变这种状况，在批发市场站稳脚跟，精明的王填一改以前的坐销方式，自己带头踩着三轮车，带领业务员走遍了湘潭市的大街小巷，走出了湘潭县城，甚至到离湘潭市较远的湘乡市去推销。

这种行销的方式销售效果出奇的好，不出半年，王填就建立了大约 800 多家的分销终端网络，取得了众多供应商的支持。更重要的是，"步步高公司"的名气越来越大。随着销售网络的不断扩大，资金成了制约"步步高公司"发展的一个主要因素。如果缺乏强有力的资金支持，自己的市场是很难做大做强的。

为了引进金龙鱼食用油的经销权，当时资金紧张的王填可是费尽了脑子。当时，每次进一批金龙鱼食用油，至少需资金 50 万元。想来想去，王填想到了一个好办法。他与湘潭另一商家协商：王填要进货时，对方给他垫付 25 万元，等王填把货销得差不多时资金回笼了，对方要调货，王填就把这笔资金垫付给对方。呆滞的资金通过这一周转，收到了双倍的效益。于是，王填又很快把金龙鱼的经销权抢到了手中。

创建百强连锁店 经营理念数第一

1995 年底，王填偶然发现广东某经济报上有一条消息：广州即将筹办一个中国零售业的高层研讨会，王填决定参加这个会议。在这次会议上，国家经贸委负责人提出了"发展连锁超市是中国零售业的发展方向"的主题，当时一听到"连锁超市"这个概念，王填便感受到"连锁超市"就是自己公司以后的经营理念和发展目标。

经过思量，他决定在湘潭办超市。

回到湘潭后，王填马上进行市场调查研究和超市发展规划。他看准了当时处在市中心地带的商业旺铺——国营菜肉商场，该商场由于经营管理不善已面临崩溃的边缘。在洽谈中，对方开的条件比较苛刻。经过考虑，王填决定接收安置40名下岗职工。步步高连锁超市开张后生意火爆，同时也让湘潭其他商家看到了商机，从而引发了新一轮的商业竞争，一些商家纷纷仿效步步高连锁店经营，对步步高形成了压力。

步步高在对员工进行经营理念教育时特别强调，只有顾客才是公司真正的老板，没有顾客就没有生意，公司就无法获得利润，就断了公司的财源，就等于炒了老板的鱿鱼，老板活不下去，员工自然也无所依附。为此，公司制定了一系列保障措施以保证顾客满意：

一是绝对保证商品质量；

二是所有商品力求价格最低；

三是根据顾客需求，不断增加商品品种；

四是营造宽敞舒适的购物环境。

先在市、县级市场寻求发展，待时机成熟再向大城市进军，这是立足现实、放眼未来的发展大计，于是王填开始实现"农村包围城市"的发展战略。

1999年1月，王填将公司由"湘潭市步步高食品公司"更名为"湖南省步步高连锁超市有限公司"。几年来，王填将公司发展成湖南省最大的连锁超市之一，分店遍布全省各地。2001年3月25日，在北京召开的中国连锁业百强发布会上，"步步高"跻身"全国连锁百强企业"，排名第 56 位，成为湖南省唯一入围企业。

王填之所以能把当初的 5 万元变为 5 亿，是因为他在上学时就有商业头脑，在学校就学会了做生意，毕业后进入商场，工作成绩优秀，被提升为业务科长。但是王填为了创业决定辞职，自己开办公司。克服了资金及销售上的各种困难后，他确立了正确的经营理念（和美国沃尔玛公司相似），他的小公司终于发展壮大了。

◎人物简介

王填，男，1968 年出生于湖南湘乡，湖南省连锁零售龙头企业——步步高商业连锁股份有限公司创始人、董事长。2001 年荣获"湖南省第二届青年企业家鲲鹏奖"，2002 年获湖南省"十大杰出青年"提名奖，2003 年当选为第十届全国人大代表。2012 年两会期间建议拿出国企两年利润发放 4 万亿消费券。

第 5 章

创富大学财脉课：人脉是致富的万能钥匙

人脉决定财脉，一个商人如果善谋人脉，让自己的人际关系枝繁叶茂，就能够进退自如、左右逢源，这样做生意就会畅通无阻，财源滚滚而来。人脉虽然不是资产，却珍贵于资产，人脉是致富成功的一根重要支柱。

第一节 古尔德
——巧用人脉借势取财

结交关键人物

1871 年，美国大资本家古尔德囤积了大量的黄金，基本上控制了市场上的黄金价格。他准备以此来大捞一笔。但是有一个问题：国库还有大量黄金，如果政府抛售黄金，金价势必会下降。为此，古尔德处心积虑，千方百计设法控制国库的黄金市场投放。

一个偶然的机会，古尔德了解到当时的总统格兰特有一个妹妹嫁给了穷困潦倒的柯尔平上校。顿时，他有了主意。

一天晚上，古尔德专程到柯尔平家拜访，十分客气地邀请他入股投资黄金生意。柯尔平十分坦率地表示没有资本。古尔德忙说："不要紧，你用不着拿一分钱，只要你有这方面的意向就行了。"

柯尔平看到有利可图，何乐而不为呢？于是两人签约：柯尔平在古尔德那里认购 200 万美元的黄金股，只要黄金价格上涨，每周可以领到这些黄金股的溢价差额；若金价下跌，按规矩，他相应要做出赔偿。

柯尔平对金价开始上心了。为了防止金价下跌，他就主动地利用妻子的关系，劝总统不要抛售政府手中的黄金。靠着这层关系，柯尔平着实赚了不少钱。

市面上黄金渐少，金价自然飞速上升，引起全美国一片愤怒之声。总统格兰特迫于舆论压力，决定抛售国库黄金。柯尔平等劝说无效，马上把这一紧急情况告诉了古尔德，同时又设法劝说总统暂缓一天宣布。就在这一天内，古尔德抛售了他所有的黄金，一天净赚了2000万美元。

一天之内净赚2000万美元，这是古尔德一生中最大的杰作，他使用的方法就是结交关键人物以借势取利。

与故事中的古尔德一样，有许多商人具备发现"浅水龙"或者将来可能发迹的人的眼光，于是在这些人身上进行政治投资，为自己的将来谋取利益。"好风凭借力，送我上青天"，结交与自己的利益息息相关的人物，找到支持自己的后盾，必然无往而不胜。有些事，靠我们自身的能力，可能一辈子都无法完成。但如果你学会利用人脉资源，一些不可能的事也就变得可能。

在社会上生存，我们不可避免地要受到周围人的影响，不可避免地要和周围的人建立起各种关系。我们的亲人、朋友、同事都是我们身边重要的资源。我们不仅可以从四周的人身上学到很多东西，而且他们自身的人脉资源也同样可以对自己的财富上的成功提供帮助。

红顶商人胡雪岩曾说过："一个人的力量到底是有限的。就算有三头六臂，又办得了多少事？要成大事，全靠和衷共济，说起来我一无所有，有的只是朋友。"

事实上，在理财过程中，人际关系本身就是一种资源。如果你拥有丰富的资源却不善于利用，不懂得借势取利的道理，实在是大为可惜。

借助别人的力量达成目标

陈永泰是台湾的巨富，他说过一句这样的话："聪明人都是通过别人的力量，去达成自己的目标。"学会利用人际关系来"借鸡下蛋"，是每一位踏入社会的人应该掌握的一门必不可少的学问。

不过，在运用人际关系的时候还应注意到以下几个方面：

首先，你既要成为借势取利的主动者，也要成为被动者。想要得到朋友的帮忙，要求我们在与人交往时，目光要放远些，不要因利小而不为，也不因利大而为之。只要你平时的人际关系功夫做到位，别人自然对你以真心相待，关键时刻就会对你起到帮助作用。总的来说，借势取利的功夫完全包含在你平时的为人处事之中。

其次，学习广告的营销策略，即用权威人士为自己代言，增加广告的可信度。权威人物往往有一定的威慑力量，他们的判断能力、鉴别能力是被社会公认的。你可以请他们参与到你的计划中来，这些都是你借助别人力量成就事业、解决困难的好办法。受传统文化的影响，很多人不愿意求人，总觉得这样做有失面子，好像是贬低了自己的办事能力一样。其实，大可不必有此想法，即使是像拿破仑这样的大人物也是需要别人帮他架起成功桥梁的，更何况我们只是一个平平常常的人呢。

社会上有一个普遍的现象，那就是和名人站在一起，自己不久也会成为名人。人际关系可以带给你全新的定位，人际关系可以帮你成就大事。当你准备起程的时候，你已经在起跑线上领先一大截；当你中途遇到挫折时，你的人脉资源会把你拉起来。利用人际关系借势取利可以成就你一生的事业。

◎ **人物简介**

杰伊·古尔德，现代商业的创始人，19 世纪美国铁路和电报系统无可争议的巨头，"镀金时代"股票市场的操纵者。他在 1869 年对黄金市场的狙击导致了被称为"黑色星期五"的大恐慌。他创造的操纵市场、筹集资本、吞并竞争者的新手段，已成为如今金融市场标准的操作模式。

第二节 杨致远
——与朋友结盟致富

朋友的鼎力相助

打造自己的人脉是一个人取得成功的关键，因为你不知道自己的人脉之中谁会成为你生命中的"贵人"。这就是"借"的艺术中的借人之力。在成功的道路上，每个人都离不开"贵人"的帮助，人脉资源越丰富，"贵人"出现的概率也就越大。

机遇面前人人平等，不要抱怨身边没有"贵人"，而是我们不识"贵人"真面目，或者遇见了"贵人"又不知道如何加以利用。所以，我们真正要考虑的是找寻"贵人"的方法。如果与"贵人"失之交臂，将铸成终生的遗憾。

雅虎的成功缘于杨致远结识了大卫·费罗。

杨致远上中学时学习不算勤奋，甚至有点懒，但成绩却相当优秀。1990 年他以优异的成绩进了斯坦福大学，只花了 4 年就取得了学士、硕士学位。毕业时觉得自己还欠成熟，就留校从事研究工作。正好，大卫·费罗也留校从事研究工作。两人的邂逅和结交无疑成为 Yahoo 成功的关键因素。

杨致远和费罗其实是旧识。费罗 1988 年毕业于杜兰大学，而且曾当过杨致远的助理教授。一向全拿"A"的杨致远在费罗的判官笔下却只得了"B"。对此，杨致远至今还发牢骚。后来两人同班听课，还在作业方面开展合作。以此为起点，两人成了最佳搭档。费罗内秀，喜沉思，而杨致远活跃，是社团中的领袖，他们的性格能力有了完美的互补。费罗善于在屏幕上整理资料，有一种"只要在终端前，就能统治全世界"的感觉。不久，他俩同去了日本。在那里两人都成了"外国人"，所以友谊与日俱增。

回到斯坦福，两人在一辆学校拖车上建成一间小型办公室。两人都想建立自己喜欢的网站，后又决定集合起来，形成了"致远万维网导航"。不久，网站招来了许多用户。人们纷纷反馈信息，还附上建设性意见，使内容更加完善。"要不是有这么多外来的回应，我们就不会继续下去，更不会有今天的雅虎。"

当时，网上有许多竞争者，但他们都靠软件自动搜索。虽范围广泛，但不准确。而雅虎则纯粹是手工制品，搜索准确，更加实用。实际上到 1994 年底，雅虎已成为搜索引擎的领导者。

1995 年上半年，两人与好几家风险投资公司接触。此时，他们的网站已是世界上网络访问率最高的。最后是"美洲杉"慧眼识英雄。这家公司曾投资过许多国际知名的大公司，如今他们骄人的业绩上又添加了 Yahoo。

1995 年 4 月，在"美洲杉"资助下，他们成立了自己的公司，资产约 400 万美元。

杨致远赢了，他赢得的不光是金钱，还有名誉、声望，更重要的是朋友的加盟。有了朋友的鼎力相助，就有更大概率获胜，这已经成为一个定律。而赢家手中的第二个秘密则是着眼于长远，在对待盟友和竞争对手时，善于处理好眼前利益和长远利益的关系，不四面出击，而是广交朋友，周密考虑，谨慎从事。

人脉比矿产资源更重要

现在任何公司最大、最重要的财富也许就是人和人际关系。在我们现在的中国，人脉资源更为重要。对于创业者来说，人脉是一种非常宝贵的资源。人脉资源丰富的创业者，在创业路上自然左右逢源，处处得到贵人相助。而且，人不可能脱离社会而独立存在，因此也就注定了要与他人共事，所以人脉对于想创业的朋友来说很重要。比如你的企业要快速发展，光靠自己的钱当资本是远远不够的，这就要你自己想办法去融资。如果你的人脉上有达官贵人，下有平民百姓，而且，当你有喜乐尊荣时，有人为你摇旗呐喊，鼓掌喝彩；当你有事需要帮忙时，有人为你铺石开路，两肋插刀，你就能感到人脉的力量了！人脉是你的一笔无形资产，人脉是你的钱脉，理所当然地它也是你创业成功必不可少的保障。

1991 年，乔万强从郑州大学法律系毕业，被分配在老家巩义市公安局工作。不"安分"于"工薪工作"，1994 年，他凭借在云南有一位亲戚的便利，带着 7 万元来到这个西南高原。

老家巩义市回郭镇是著名的电缆电线和铝加工生产基地，乔万强来到云南，还想"延伸"这个产业。但投资办一个电缆电线厂，区区 7 万元根本就不行。经过别人介绍，他找到了另一个做铝锭的同乡老板，非常诚恳地说明了自己的创业打算。这位老板被他的念头和精神所打动，大笔一挥，就划给他 50 吨铝锭。以同样的方式，另一位老板也"赊"给他 47 吨铝锭，并送上门来。

由于云贵高原电缆电线生产者少，需求量大，再加上本地经营减少了物流成本，乔万强的电缆电线产品在当年的利润就达到每吨 5000 元。随着经营的扩大，1995 年时他开始做加工电线的生产设备，利润更是达到 40%，年销售总额达到 2000 万元。所以他很快就还清了外面的借款。

后来，乔万强把目光转向云南盛产有色金属的矿产开采。在曲靖、会泽地区，甚至在中缅边界，他先后分别投资数千万元，相继建起了铁矿、铅矿、钼矿和钨矿。但随着国家矿产资源整合的步伐加快，个人收购矿产非常艰难。为让企业经营得到正常的发展，他到政府部门挨个找人申请，"东方不亮西方亮"，直到对方同意。

乔万强说，在一个陌生的地方，人脉比矿产资源更重要，而能够疏通人脉的，就是坚持诚实、守信。可见，对于想创业的人来讲，人脉资源显得尤其重要。因为圈子就这么大，你平时的为人处世都会影响你的人脉。而良好的人脉总会为你奠定一个无形的创业基础。因此，一定不要为了追求一时的利润得罪了你的人脉，这种影响将是长远的危害。

创业不是引"无源之水"栽"无本之木"。每一个人创业，都必然有其凭借的条件，也就是其拥有的资源。其中最重要的一点是人脉资源的创业，即创业者构建其人际网络或社会网络的能力。一个创业者如果不能在最短时间内建立自己最广泛的人际网络，那他的创业一定会非常艰难，即使其初期能够依靠领先技术或者自身素质，比如吃苦耐劳或精打细算，获得某种程度上的成功，我们也可以断言他的事业一定做不大。除非他能像比尔·盖茨一样开发出一个前无古人、无可取代的Windows。

◎ 人物简介

杨致远，1968 年生于台湾，全球知名互联网公司雅虎的创始人，原首席执行官。1994 年与大卫·费罗创办全球第一入口网站——雅虎，因此杨致远被称为"世纪网络第一人"。

第三节　张果喜
——扩大自己的"同盟军"

扩大同盟军，以合力取胜

有"巧手大亨"之美誉的张果喜深明事物的利害，1979 年在开拓日本市场时照顾好方方面面的利益，善待盟友和对手，很快便成为日本佛龛市场的"龙头老大"。

张果喜在日本取得了一定的市场地位以后，就与日商建立了稳固的代理关系，全部佛龛产品都由日商代理经销。随着张果喜生产的佛龛在日本市场的畅销，一些颇富眼光的日本商人看到有利可图，为降低进货成本，一些销售商就想走捷径，绕过代理商直接从张果喜那里进货。

张果喜慎重考虑了这个新情况。

从眼前利益看，销售商的直接订货减少了中间环节，厂方确实可以多得一些钱，捞到实惠。但从长远考虑，接受直接订货就意味着将失去己花费了很大力气开辟的销售渠道，甚至使以往的销售渠道背向自己，走到自己的竞争面，这无疑得不偿失。

从这种思路出发，张果喜婉转而又坚决地回绝了那几家要求直接订货的零售商。日本代理商知道此事后，很受感动，增强了对张果喜的信任，在推销宣传方面下了不少功夫。向来不轻易买账的日本代理商这次果敢地打出了张果喜是"天下木雕第一家"的招牌，从而使张果喜的产品在日本市场越来越稳定。

人无远虑，必有近忧。张果喜清醒地看到，生产佛龛是一种利润丰厚的行业，除了他的果喜集团公司，韩国制作的产品也有相当的渗透力，更不用说在日本本土还有成千上万的同类中小企业了。如果照以前那样，单靠原有的销售网络和一两个合资的株式会社与强大的竞争对手抗衡，那就只能坐以待毙了。

权衡利弊，张果喜决定扩大"同盟军"，把原先的对立派拉到自己一边。为慎重起见，张果喜还与他的智囊成员对此细细地作了分析研究，选择了分散在日本各地的有代表性的一些中小型企业。经过多方协调，于1991年成立了"日本佛龛经销协会"，这种方式变消极竞争为积极合作，当年便立竿见影，张果喜在日本佛龛市场的份额占到六成，取得了更大的市场主动权。

张果喜赢得了市场，赢得了成功，正是由于他赢得了日本市场上的人脉，建立了彼此的信任，扩大了自己的同盟军。

合力的作用是巨大的。做事情不能一盘散沙，而是要把大家的力气往一处使，是成大事者的合力之道，这就是赢家手中的秘密武器。建立了人脉，还要把人脉中每个人的力气往一处使，实在是高明。

其实在生活当中所认识的每一个人都有可能成为你生命中的贵人，成为你事业中重要的伙伴。所以，做个有心人，随时随地注意开发你的关系金矿，只要你善于用脑开发，那么每一个人都会给你带来财富。

凭一己之力抵达不了事业巅峰

俗话说："一个好汉三个帮，一个篱笆三个桩。"要想赢得好财运，必定要有好的人脉。汉字中的"人"，只有一撇一捺两笔，却形象地将两个独立的个体相互支撑、相互依存、相互帮助的情景勾勒了出来，完美地诠释了人的生命意义所在。

1970 年，年仅 25 岁的美国小伙子特普曼来到丹佛市，在第二大道租下了一套小公寓，从此开始了他的创业生涯。特普曼初来乍到，人们都不认识他，因此他必须计划好为自己的房地产事业铺平道路的每一个步骤。他要做的第一件事就是尽快加入丹佛市的"快乐俱乐部"，去结识那些出入这个俱乐部的社会名流和百万富翁。对特普曼这样一个无名小卒来说，要想进这样高档的俱乐部，实在很不容易。

他第一次打电话给"快乐俱乐部"，刚说完自己的姓名，电话就伴随着一声斥责被对方挂断了。但是特普曼仍不死心，又打了两次，结果还是遭到对方的嘲弄和拒绝。

"这样坚持下去，将会毫无结果。"特普曼望着电话机喃喃自语。突然，他心生一计，又拿起了电话，这次他声称将有东西给俱乐部董事长。对方以为他来头不小，连忙将董事长的姓名和电话号码告诉了他。特普曼得意地笑了，他立即打电话给"快乐俱乐部"的董事长，告诉他自己想加入俱乐部的要求。董事长没说同意也没有拒绝，却让特普曼来陪他喝酒聊天。特普曼自然满口答应了。

通过这次喝酒聊天，特普曼与这位董事长建立了良好的关系。几个月后，他如愿以偿成为"快乐俱乐部"中的一员，并且结识了许多富商巨贾和社会名流。

1972 年，丹佛市的房地产业逐渐不景气起来，大量的坏消息使这座城市的房地产开发商们严重受挫，丹佛人都在为这个城市的命运担心。然而，在特普曼看来，丹佛市的困境无疑是天赐良机，从前那些对他来说可望而不可即的好地皮，现在可以以非常低的价格任意挑选收购了。就在这时，特普曼从朋友那里得到一个消息：丹佛市中央铁路公司委托维克多·米尔莉出售西岸河滨 50 号、40 号废弃的铁路站场。

特普曼凭着自己敏锐的眼光和以往的经验判断出：房地产不

景气是暂时性的，赚大钱的好机会终于来了！

第二天一早，特普曼便打电话给米尔莉，表示愿意买下这些铁路站场，并约定了在米尔莉的办公室商谈这笔买卖。风度翩翩、年轻精干的特普曼给米尔莉留下了极好的印象，他们很快便达成协议：特普曼集团以 200 万美元的价格购买了西岸河滨的那两块地皮。不久，丹佛市的房地产开始升温，特普曼手中的两块地皮涨到了 700 万美元，特普曼大赚了一笔。

经过许多人的帮助以及自己的努力，特普曼终于挖到了来丹佛市后的第一桶金——500 万美元。这是他闯荡丹佛的第一笔大买卖，也是他第一次独立做成的房地产生意。此后，他便开始了在美国的辉煌的商业之路。

特普曼初次来到丹佛市，没有人认识他，因此他做的第一件事就是加入"快乐俱乐部"，以便认识那些日后在生意上能给他帮助的社会名流和商业大腕。我们静下来想想，在我们身边也都有这样的例子，只是有时自己"看"不到罢了。《红顶商人胡雪岩》里有个外号叫"小和尚"的人说过这么一席话："越是本事大的人，越要人照应。皇帝要太监，老爷要跟班，只有叫花子不要人照应。这个比方不太恰当，不过做生意一定要伙计。胡先生的市面你是知道的，他将来的市面要撑得奇大无比，没有人照应，赤手空拳，天大的本事也无用。"这番话说出了一个人之所以能够获得成功的最深刻的原因，即要有人帮忙、要有人照应。

可以说，每一个伟大的成功者背后都有另外的成功者，没有人能够仅凭一己之力就达到事业的巅峰，假如你决心成为出类拔萃的人，千万不能忽视人脉。永远记住，在创造财富的路上，人脉像呼吸一样必不可少！

◎人物简介

张果喜，男，1952 年 7 月出生，江西余江人，高中文化，中共党员，高级经济师，现为果喜实业集团有限公司董事长、党委书记，系第十一届全国政协委员。

张果喜于 1966 年参加工作，先后在余江县邓埠农具修造社任学徒、担任木工车间主任。1973 年，张果喜带领 21 名工人从濒临破产的邓埠农具修造社分离出来，用变卖祖房所得的 1400 元钱，创办了余江工艺雕刻厂。历经 30 多年的艰苦奋斗和顽强拼搏，张果喜带领全体职工克服重重困难，发扬"开拓、艰苦、求实、献身"的企业精神，自力更生，艰苦创业，锐意改革，将一个仅有 21 名工人的木工小作坊发展成为涉及工艺美术品、化工合成材料、高科技电机、高档保健酒、酒店旅游、房地产经营与开发、金融保险、玉矿资源开发与经营等行业领域的综合型企业集团，闯出了一条民营企业自我发展的新路，成为江西省重点企业，为地方经济的发展发挥了极其重要的作用。

第四节　林绍良
——多个朋友多条路

好人脉成就好事业

朋友就是你能信任他，他也了解你的人。朋友能分享我们成功带来的喜悦，而不嫉妒；能倾听我们的烦恼，给我们有益的建议而不泄露隐私；能在我们需要的时候给予适当的帮助而不求回报……友谊是人生的一笔财富，就像银行里的存款，在困难时刻帮我们渡过危机。

在漫长的人生路上，没有人能够单独地走完一生。于是，茫茫人海中，你总会追寻到生命中最重要的人——朋友。朋友不需要你对他许诺什么，只是在他最困难的时候能全力以赴；朋友不需要你赞扬他什么，只要他成功时你能在心底为他祝福；朋友不需要你给予什么，那颗真诚的心就是全部；朋友不需要说什么冠冕堂皇的话语，一个眼神足以令他心中的伤口愈合。

成功得益于朋友的支持

林绍良是一位善交朋友的人。谁能想到，他的这些朋友当中竟出了一位总统。

林绍良1917年出生于福建一个普通农民家庭，其父为人忠厚朴实，全凭土地为生，务农养家。林绍良弟兄三个，他最小，幼年时在林氏祠堂里读了7年私塾。

14岁结束私塾生涯时，林绍良的父母在村子东头的路口上租下了一间小屋，开了一个小面店。家里把小店的主要经营业务放在了绍良身上。绍良经营也颇为有方，头几个月竟赚了不少钱，颇得乡邻的夸奖，父母也很满意，指望他有更大的出息。

后来，日寇的铁蹄踏上了福建的土地，为逃避兵役，林绍良随同一个从印尼回来探亲的华侨到印尼中爪哇投奔他的叔父。当时，他的叔父在中爪哇的一个小镇上开一个花生油店，林绍良在其叔父店中干了一段时间后发现，每天坐在店中等顾客上门，生意清淡，收入微薄，不是经营的上策。他征得叔父同意后，当上了推销员，到顾客门上去销售。效果果然不错，每天的收入比坐在家里高出了许多，因此颇得叔父赞赏。

这个时期的林绍良生活非常艰苦，为了多挣钱，他每天顶着烈日，冒着风雨，不停地奔波。

林绍良给叔父当了一段时间伙计，有了点节余，于是征得叔父理解，开始了独立的小贩生涯。他选中了人们每天喝的咖啡，买来咖啡豆在家磨成粉，粗糙地加一层包装，然后拿到市场上去卖。先是在自己所住的小镇上卖，后骑上自行车到几十里以外的中爪哇首府三宝垅去卖。若干年后，林绍良回忆起这段艰苦的生活还深为感慨："吃不得苦中苦，哪来的甜上甜，一个人不经磨炼考验，哪会有进步发展？"

第二次世界大战结束后，印尼获得了独立，但荷兰军队却卷土重来，几场大规模的战斗之后，爪哇岛被人为地划分为荷占领区和印尼共和国独立区。在印尼人民的独立战争中，当地华人为保卫家园，纷纷投入到支持印尼人民的斗争中。一些华商冒着生命危险，从当地偷运白糖、椰干等土产到新加坡去贩卖，然后购军火、药品，冲破荷军封锁，送给印尼军队。林绍良也投入了这一队伍中。

他凭着几年来与人为善的商风建立起来的广泛社会关系，很顺利地购进一批军火，又凭着机智勇敢和对地形的熟悉，左右回旋，见缝插针，将第一批军火运到印尼驻军总部所在地三宝垅，交给了急需军火的军队。

这次成功为他增添了不少信心，也取得了宝贵经验。林绍良后来一次次地往来于荷兰和印尼军队之间，在贩运军火过程中，他结识了许多印尼军官，其中包括当时三宝垅驻军的中校团长，也就是后来的印尼总统苏哈托。

每当苏哈托的军队陷入经济窘境，林绍良总是义不容辞地给予全力支持，因此，两人结下了非同一般的友谊。当然，当时的林绍良仅仅是出于为人忠厚、与人为善的本能，他并未曾料到苏哈托将来会成为国家总统。

在贩卖军火的同时，林绍良又敏锐地发现了另一宗可获厚利的买卖，这就是丁香。当时中爪哇生产的一种丁香烟闻名遐迩，销路很畅，中爪哇大大小小上百家的烟厂都赖此为生。但丁香产于马鲁古群岛，要将丁香运到中爪哇，须经过荷兰军队重重封锁线。一些商人虽看中了这一诱人的发财机会，但害怕无情的战火，不得不忍痛割爱，而那些敢于铤而走险的人，也多数砸了锅。

经过周密的谋划，林绍良决定干这桩买卖。他设计了一条比较保险的运输路线：从马鲁古群岛及北苏拉维西装货，绕道新加坡，避开印尼国内的战区，从三宝垅登岸，运到古突土镇，再发往各烟草厂家。这样，从马鲁古到古突土，林绍良一次次频繁往来。言而有信的苏哈托为他提供了一次又一次特殊的军事保护。于是林绍良终于告别了走街串巷的小贩生涯，一举成为印尼商界小有名气的商人。

印荷之战结束后，印尼领土得到了统一。此时的林绍良已积累起相当丰厚的资本。事业上的成功，经济实力的增长，使他萌生了扩大领域、大展宏图的强烈愿望。经过冷静分析，他得出了一个结论：印尼目前的状况是经济全面崩溃、百姓穷困潦倒。面对这种情况，作为一个商人，必须把自己的立足点放在百姓的衣食住行方面，同人民群众的基本生活需求接轨，才能有利可图。

在贩卖丁香的商务活动中，他也获得了一个新的启示：办厂比行商更为有利，因为他虽然赚了丁香园主的钱，可烟厂又赚了他的钱。如果选准目标办厂，一定能得到更大发展。经过深思熟虑，1954 年，他在首都雅加达开办了一家肥皂厂。这一步迈得非常扎实，肥皂生产工艺简单，原料充足，劳动力又非常低廉，因此不须花多大投资就可见收益。

刚刚平息战乱的印尼，物资极度匮乏，林绍良的肥皂一上市就呈旺销势头。他凭此立住脚跟后，又在尼默和布拉巴亚兴建了两座纺织厂。为了增加市场竞争力，他又与人合资，在古突土和万隆建立了两座中等规模的纺织厂。

林绍良的资金越来越多，办厂热情也越来越高。他遵循"应民族之所需，补民族经济之所缺"的原则，办起了轮胎厂、自行车零件制造厂、铁钉厂……总之，他审时度势，明察行情，占领了一个又一个阵地，迅速扩大自己的势力范围。随着事业的发展，在经营活动中，他明白了一个道理——要成为一个立于不败之地的实业家，必须建立自己的金融机构。于是他求得泰国金融巨头——泰籍华人陈弼臣的帮助，办起了自己的银行，即中央亚细亚银行，从而摆脱了为应付企业资金周转而四处拜佛烧香的被动局面。中央亚细亚银行业务迅速发展，很快成为印尼最大的私营银行。

20世纪60年代中期，苏哈托就任印尼总统，林绍良的事业更是得到了空前发展。1968年，鉴于印尼长期遭受殖民主义掠夺，粮食缺口很大，每年须拿出大量外汇进口粮食，林绍良向政府提议，在国内自行加工面粉。印尼政府很快采纳了他的建议，并把全国生产面粉2/3的专利权交给了他。林绍良为此成立了波戈沙里有限公司，并获得印尼国家银行28亿盾（约合280万美元）的贷款，总统苏哈托亲自主持了公司第一座面粉厂的落成典礼。

经过10年的努力，波戈沙里公司属下的几座面粉厂已能生产国内面粉需求量的80%，成为亚太地区最大的面粉公司。同年，林绍良又获得了经营丁香的专利权，并与苏哈托家族共同创办了拥有30多家银行、建筑、水泥、钢铁等行业的"根扎那企业集团"，该企业集团后成为印尼华人实力最雄厚的五大财团之一。

随着外资、合资企业在印尼的出现，多年冷落的建筑业渐渐复苏。林绍良机敏地抓住了这一时机，投资1亿美元巨款，建成狄斯丁水泥厂，使生产能力由每年的50万吨猛增到100万吨，同时着手另建两座水泥厂。仅用3年时间，一个占全国水泥年产量38%的"印尼士敏土集团"就形成了。年销售额达2亿多美元，成为印尼最大的水泥生产集团。

林绍良的成功凭的是什么？许多人认为他的发迹一半靠机会，一半靠个人奋斗，这话只说对了一半。应该说，他的成功，还得力于朋友的支持。

机会也是由人创造的，林绍良以一个到处叫卖的小贩起家，其成功主要凭的是左右逢源的人和。他认为，不论干什么事，成败皆取决于人。因此在经营活动中，他极为重视人际关系的处理。他注重与上层人士的关系，更注意与社会各界友好相处。为了让个人的事业深深植根于印尼民族的土壤，他在雅加达证券市场上公开上市自己集团的股票，以吸引更多的印尼人参加自己集团的经营，从而牢固地在印尼土地上立住脚跟。在集团内部，他很注重思想交流，经常与下属交换意见，沟通感情，以儒家的"性善"论为基点，不断开采人性中蕴藏的能量，使每一个职工都能发挥最大的作用。

◎人物简介

　　林绍良（1916 年 7 月～2012 年 6 月），印尼林氏集团董事长，印尼政府经济顾问，印尼首富，美国《投资家》杂志将其列为世界 12 大银行家之一，曾被称为"世界十大富豪之一"。1995 年集团的总资产高达 184 亿美元，营业总额约 200 亿美元，所属公司 640 家。

第五节　卢伟光
——生意的成功就是人脉的成功

精心呵护人脉圈

创富的过程就是与人打交道的过程，人脉就是财脉。如果只凭自己创富的激情和愿望，得不到人们的理解和支持，就无法顺利地赢得财富。特别是对于那些要从异国他乡获取资源而创富的人来说，更应懂得精心

呵护人脉圈的重要性。

卢伟光出生在浙江温州一个经商世家，1994 年，卢伟光自己砸了铁饭碗，向父亲借了 30 万元启动资金，下海做起了地板生意。

短短 3 年，卢伟光完成了原始资本积累，决定从经销商进军地板制造业。不料，正当他踌躇满志地准备大干一场时，1998 年国家一纸公文——禁止砍伐森林！他做地板的原料来源被一刀斩断。这对卢伟光来说等于是釜底抽薪。因为如果卢伟光从台湾中间商手里进货，不仅数量有限，而且价格很贵。后来，他冒出一个大胆想法：去巴西买森林，解决原料来源！

但是，去原始森林是非常危险的，家人坚决反对。卢伟光却不顾这些，毅然只身前往。几天后，当他第一次靠近印第安人的部落时才明白，要在巴西买森林并不是那么简单的事。因为原始森林是印第安人的地盘，他们有自己的法律，有军队保护。如果没有经过军队或者印第安人酋长批准的话，一般外人进去即使被杀也得不到法律保护。而卢伟光——一个来自异国他乡的人居然要买他们地盘上的森林，实在是件不可能的事情。理所当然地，他遭到了印第安部落酋长的断然拒绝。

这怎么办？不远万里来到这里，不能徒劳无获。卢伟光决定先和当地人建立感情，通过这些方式来打动印第安部落酋长的心。于是，他做出一个决定——通过印第安人基金会资助印第安人。他首先在其他地方买了一片土地送给他们，以便让他们有更广阔的栖息地，而且还买了大量的药品和医疗设备，帮助他们解决病痛的折磨，然后他还为印第安人买了车，以改善他们的交通条件。就这样，卢伟光诚心诚意地和印第安人交上了朋友，当地人便不再对他采取敌视的态度。

和当地人搞好关系后，卢伟光又把结交的目标锁定在木材商身上。如果木材商不支持，即便森林买到手也无法完成砍伐、运输、加工的工作。于是，卢伟光又在巴托格罗索州库亚巴市办起了"木材学校"，请中国的林业专家编写了一本针对当地情况的木材加工技术教科书，免费给巴西所有木材供应商授课。这些简便易学的教材大大提高了木材商对于材质鉴别和使用的能力，他们很感谢卢伟光的无私奉献。

为了保证森林的良性循环，卢伟光又投入巨资研究开发当地人不使用的树种，研究成果与巴西人共享。他还把森林分为 25 块，每年砍伐一块，同时保证当年仍有幼树生长，25 年后仍可长成一片参天大树，如此周而复始，可以循环更新。

为了取得巴西政府的理解，卢伟光花费 50 万元美元租来美国的卫星，对已经看好的 1000 平方千米森林进行遥感测量。对此，他这样解释："如果我对每棵树动什么手脚，通过卫星，巴西政府可以看得一清二楚。"他还给每一棵树建立了档案，承诺不砍伐水土容易流失土地上的树木，不砍影响动物生息、鸟类传播树种的树木。

卢伟光所做的一切，都是为了告诉巴西人，他来到这里，不是为了掠夺资源，是真心他帮助他们买现生态环境的良性循环。

几年来，卢伟光尽自己的力量，从不同方面全力关心和帮助当地的人们。看到卢伟光做的这一切确实是为当地人着想，印第安部落酋长也被感动了。2002 年，当卢伟光向他提出自己想买森林时，这位至尊无上的酋长竟然什么都没有说就答应了。就这样，一句葡萄牙语都不会说的卢伟光，经过主动与巴西人结交朋友，终于获得了他们最珍贵的友情！

卢伟光终于如愿以偿，在 2004 年 4 月和 11 月，分两次分别收购了 150 平方千米和 850 平方千米原始森林。在收购巴西亚马孙河畔 850 平方千米原始森林时，卢伟光得知这片森林中居住着一个原始印第安人部落。他决定把 50 平方千米原始森林无条件赠送给这个部落，以保持这个部落的生活状况和文化习俗，使他们免于迁徙。此间，他还在巴西投资开办木材加工厂，给许多巴西人提供了就业机会。

在巴西买下1000平方千米的原始森林这件事，使卢伟光"一夜成名"。2004年11月9日，卢伟光还作为中国民营企业家代表随胡锦涛主席出访了巴西。传奇般的经历也使他跃居2005年中国富豪福布斯排行榜。

卢伟光通过对那些能够影响自己的人脉圈的精心呵护，终于用自己诚恳的态度和友好的行动，赢得了巴西政府、印第安人和当地商人的理解和支持，顺利地实现了从巴西买森林的愿望，为事业的发展准备了充足的货源。

生意的成功就是人脉的成功，在人脉圈有了良好的信誉，财富自然会跟着来。对于企业来说，没有人脉就无法发展，也会增加企业的公关和管理成本。但是，人脉并非靠金钱就能买到，所以，一个聪明的商人不会只钻到钱眼里。要创富，请学会尽早培养并精心呵护你的人脉圈。

人脉网络是成功的资本

杜瑞非常善于积累人脉。为了认识更多的朋友，他随身带着自己的名片。他说："哪天要是出去没有带名片，我会浑身不自在，就像自己没有带钱出去一样。"

刚参加工作时，杜瑞去了一家珠宝公司做业务员，跟主管负责在深圳筹建的业务。工作期间，他认识了很多当地的朋友，这些朋友从事各行各业，既有房地产企业的大老板，也有证券公司的职员。在这些朋友的介绍下，他加入了当地的一些商会。利用这个平台，他认识了更多的在深圳工作的成功人士。

后来，杜瑞在朋友的推荐下开始投资房地产。由于当时全国各地的房地产已经开始火热起来，有时候即使排队都买不到房子。在朋友的帮助下，杜瑞通过一些关系，很容易买到房子，而且还是打折的。几年后，同样是在朋友的建议下，杜瑞又陆续把手上房产变现，收益颇丰。

据杜瑞自己说，他目前的朋友有上千个。他说，自己的事业得到朋友的帮助才会这么顺利。"包括开公司，介绍推荐客户和业务等等，各种朋友都会照顾我，有什么生意会马上想到我。"

一个人的力量是有限的。如果你有足够的人脉资源，在成功的道路上就会如虎添翼，马到成功。

人脉竞争力，即一个人在人际关系、人脉网络上的优势是一个人重要的资本。人脉竞争力强的人，他拥有的人脉资源相较别人更广且深。在平时，这个人脉资源可以让他比别人更快速地获取有用的信息，进而转换成工作升迁的机会，或者财富；而在危急或关键时刻，也往往可以发挥转危为安、救人急难的作用。

俗话说："多个朋友多条路。"杜瑞对这句话深以为然。如今，杜瑞的生意已经做到了国外，有固定资产上亿。谈到他今天所取得的成就，杜瑞总是说："我能有今天，靠的都是朋友的帮助。"的确，是人脉造就了他这个亿万富翁。

没有人的一生可以永远一帆风顺，没有人可以保证自己永远高枕无忧。即使我们现在春风得意，事业蒸蒸日上，但说不定某一天就不得不面临失败与危机。当你跌倒了，你有朋友可以拉你一把吗？你身边的人是向你伸出援助之手还是冷漠地袖手旁观呢？

一个人要想聚财，就要先聚人；有了人气，才会有财气。正是由于他们主动结交别人，主动与别人沟通，才使得自己的人脉关系不断拓展。具有广泛人脉关系的人往往更容易成功，反过来又会有更多的人乐于跟他们结交，成为新的集合体，人脉资源就更广阔了。成功与人脉就是这样一个相互促进的共生体。成功者总是注意人脉、创造人脉，绝不会将这些资源闲置在旁白白浪费的，他们更懂得在什么时候用什么人脉，在什么时机求助于人脉。比尔·盖茨就是成功的人脉经营大师。

创业之初，比尔·盖茨懂得利用自己身边的人脉资源。因为比尔·盖茨的母亲是IBM的董事会董事，所以比尔20岁时签到了第一份合约，钓到了IBM这条大鱼。在企业发展阶段，比尔·盖茨充分利用合作伙伴的人脉资源。保罗·艾伦和史蒂芬不仅为微软贡献了他们的聪明才智，也贡献了他们的人脉资源。

比尔·盖茨自己也这样说："在我的事业中，我不得不说我最重要的经营决策是必须挑选人才，拥有一个完全信任的人，一个可以委以重任的人，一个为你分担忧愁的人。"外界的关系和能力，对于比尔·盖茨的成功有着极为重要的作用。成功人士就是这样主动拓展自己的人脉，不断维护自己的资源，并懂得在恰当的时候起用，为自己助一臂之力。人脉广，则机会多。只要用心经营你的人脉，必将受益无穷。

◎人物简介

卢伟光，浙江温州人，现任安信伟光地板有限公司董事长兼CEO、上海市青浦区政协常委、民建上海委员会企业委员会副主任、上海世界贸易中心协会副会长、上海国际商会副会长。

第六节　王桂波
——以义谋利勇创富

用仁义的品格书写传奇

孟子说过："何必曰利？亦有仁义而已矣"。不过，仁义和获取财富并不存在冲突。真正的生财之道当以仁义道德为基础,否则是不能长久的。当然,这样也许会使人产生轻利、寡欲、超然世外的观念。坚持这种社会利益观未尝不可,但是人如果总是从自己的利益出发从事工作,就会忽视仁义道德;如果缺乏必要的道德伦理,那社会就要陷入衰落。

王桂波曾经是一位军人,在部队入党、立功,受过嘉奖。

退伍后,他回到家乡诸城,创办了一家企业。在短短的十几年时间里,企业在国内同行业居于第一的位置,先后荣获国家、省、市等各级颁发的荣誉称号,为复员退伍军人树立了榜样。在十多年的时间里,他从不张扬,默默恪守着内心的道德与商德,用一颗仁义之心对市场、对朋友、对员工、对合作伙伴,所以才能成就他的财富人生。

出生于山东诸城这样的一个小城市,王桂波身上带有很传统的儒家文化思想,"仁义致富"一直贯穿于他的行动。王桂波拥有企业超过50%的股份,但他却坚决反对把企业办成私有化,他固执得有些不合时宜地实施企业"大同",并把自己的妻子和高管们的家属一律"赶出"企业。他对自己克勤克俭,一直舍不得买一辆心仪已久的越野车,但员工的妻子出了车祸,几十万元的医药费他毫不犹豫地批示公司报销。有人甚至说,王桂波的成功其实就是仁义主张的成功。

1987年,王桂波转业回到家乡诸城,分配到市劳动局下属的劳动服务公司,在这里他又干起了在部队上的老本行——厨师。

劳动服务公司下属有一个缝纫经营部,因为经营不善,年年亏损。公司领导想收回来自己经营,但是这样一个赔本的买卖,有谁愿意去呢?

后来,领导发现王桂波这个当炊事员的退伍兵头脑灵活,干事勤快,是经商搞企业的人才。不久,王桂波就被破格任命为这个缝纫部改成的服装厂的厂长,并说好每年给公司交5000元管理费。

王桂波没有搞过服装生产，可是，他很快就把厂子经营得红红火火。这时，命运似乎又和他开了个玩笑。1990年，上级一纸令下，给服装厂另外派了一个厂长，而王桂波则成了副厂长。王桂波一声不吭，默默地工作，不管是什么职位，他都要出色地完成自己分管的工作。

1992年，国家出台了新的产业政策，为个人创业带来了机遇。于是，王桂平决定自己创业，出去闯一闯。他和同事葛金平两个人组建了一个缝纫设备经营公司。后来，看到西装有很大的市场，于是在1993年，王桂波毅然转产，他从亲戚朋友处借了3万元钱，租了70多平方米的平房，招了五六个工人，组建了诸城第一家西装厂。这就是"新郎"服装品牌的诞生地。

如今，王桂波精心打造的新郎希努尔集团不但获得了中国驰名商标、中国名牌和国家免检产品三大殊荣，更一举超过雅戈尔、杉杉等著名品牌而成为国内西服产销量最大的企业，年产销西服300万套，其他服饰类产品1000万件，产值超过25亿元人民币……王桂波，正以自己一贯的低调和浓厚的仁义品格，书写着一个个更大的梦想和传奇。

经济的高速发展造就了一大批富翁，但是贫富差距日渐扩大的现实也日益凸显。当下，中国民众获得财富的机制是不完善的，很多富人获得财富的手段并不正当或者合法。有人概括人们面对贫富差距日渐拉大时的心理状态为"仇富心理"，但是，在一个并不缺少致富机会的社会里，人们并不"仇富"，而是"仇不公"。

用正当的方法获取财富

前几年还有一则消息引起了巨大的社会反响，即"杂交水稻之父"

袁隆平欲买"第8辆车"，在网上引起热议。如果是别人，家有7辆车，网上传开，难免要受到非议。可是对于袁隆平，人们非但没有愤恨之声，反而表示理解和支持，有的网友甚至还希望袁隆平的车多多益善。网上的评论几乎一边倒地表达了对袁院士的祝贺，认为袁院士的财富是凭借他为社会做出了巨大贡献而获得的，他应该获得巨大的财富。

这说明只要你的钱来得正当，人们不但不会有仇视心理，而且会视你为榜样，对你产生敬重之意。

《论语》里有一句话："富而可求之，虽执鞭之士，吾亦为之。如不可求，从吾所好。"这说明，即便从我们所遵从的仁义道德的源头来说，用正当的方法获取财富也是可取的。孔子并不鼓励人安于贫穷，而是要用正当的手段去获取财富。

因此，要想致富必须要获利。以正当手段获利是天经地义、无可厚非的，这是实现个人财富积累、社会财富增加的需要。以义牟利，当为社会所赞赏。

◎人物简介

王桂波，曾经是一位军人，在部队入党、立功，受过嘉奖。退伍后，他回到家乡诸城，又带头创办了一家企业。在短短的十几年时间里，企业在国内同行业居于第一的位置。现任山东新郎希努尔股份有限公司党委书记、董事长。

第七节　系山英太郎
——人脉是取之不尽的金矿

一个成功的企业家必须培养自己的商业和社会关系网。没有人可以在真空中取得成功。企业家需要建立一个广泛的关系网，包括银行家、律师、顾问、会计师、分析师、投资人、政客、记者，以及最重要的——顾客。建立并发展关系网就像种树一样——如果成功，分支会不断延伸，而且枝枝交错相连。这是每个人成功的第一要素。

有了人脉也就有了利润，有了利润就有了财富，人脉资源在你人生财富的创造过程中是应该排在第一位的。

由于社会生产力的限制，真正的公平、平等还难以实现，所以无形之中就有了老板和员工之差，但不管你属于哪一层，人脉都是一视同仁的。

对于更多的员工，尤其是销售人员来说，被其他业务员疏漏的顾客就是一个金矿，只要你愿意并且能够使用它，你就有享用不完的资源。失败的销售人员离开一个客户时，他们丢掉的不只是一个客户，还有看不见的东西。很多人之所以在销售上失败，是因为他们不知道追踪跟进。第一次碰了一鼻子灰，那就意味着又有第二次了，这种观念在当今销售行业是万万行不通的。聪明的销售人员会发现在你公司里，那些失败的销售员所放弃的客户可能成为你的客户群。

只要善于开发，每一个人都会成为你的金矿

日本近20年来唯一连续名列"世界富豪排行榜"前100名左右的系山英太郎白手起家，凭自己的能力，30岁即拥有几十亿元资产，经营18家公司。32岁投身政治，成为日本历史上最年轻的参议员。他坦诚地表示，除了具备在金钱、股票、政治及黑白两道中打滚的精彩人生经验外，他能够成为一个成功的企业家、政治家以及投资家，是因为他拥有帮助他、支持他的广大人脉。

是啊，只靠个人的力量是难以成大事的，就算一个人再有能耐，如果孤注一掷，那么也只能是付之东流；相反，有了人脉做靠山，那他离成功就不远了。

他说，带他踏入财经界的关键人物，就是前富士银行的总经理岩佐凯实。当系山英太郎促销别墅公寓，引进长期购屋贷款时，也获得了岩佐凯实的鼎力协助。他能与财经界维持广阔的沟通渠道，全由岩佐凯实所赐。他从政的恩人则是田中角荣，虽然他是中曾根康弘的秘书，但田中还是很照顾他，因为田中就是那种胸襟开阔、敢于重用敌对派系人才的人物。他从田中身上学到，即使对方是敌对阵营的人，也还是要以尊重人才的心态与他交往。

系山英太郎的事实告诉我们，人脉是形形色色的，不是单调的，里面什么样的人都要有，因为说不准什么时候有人就可以助你一臂之力，甚至包括仇人。

在你的人脉网络中，只要你善于开发，每一个人都会成为你的金矿。

利用人脉来推销自己

在这里，我们分享一下世界一流人脉资源专家哈维·麦凯是如何利用人脉来推销自己、找到一份好工作的：

哈维·麦凯从大学毕业那天就开始找工作。当时的大学毕业生很少，他自以为可以找到最好的工作，结果却徒劳无功。好在哈维·麦凯的父亲是位记者，认识一些政商两届的重要人物，其中有一位叫查理·沃德。查理·沃德是布朗比格罗公司的董事长，他的公司是全世界最大的月历卡片制造公司。

之前，沃德因税务问题而服刑，哈维·麦凯的父亲觉得沃德的逃税一案有些失实，于是赴监采访沃德，写了一些公正的报道。沃德非常喜欢那些文章，他几乎落泪地说："在许多不实的报道之后，哈维·麦凯终于写出公正的报道。"出狱后，他问哈维·麦凯的父亲是否有儿子。

"有一个在上大学。"哈维·麦凯的父亲说。

"何时毕业？"沃德问。

"正好需要一份工作的时候。他刚毕业。"

"噢，那正好，如果他愿意，叫他来找我。"沃德说。

第二天，哈维·麦凯打电话到沃德办公室，开始，秘书不让见。后来提到他父亲的名字3次，才得到跟沃德通话的机会。

沃德说："你明天上午10点钟直接到我办公室面谈吧！"次日，哈维·麦凯如约而至。不想招聘会变成了聊天，沃德兴致勃勃地聊哈维·麦凯的父亲的那一段狱中采访。整个过程非常轻松愉快。

聊了一会儿之后，他说："我想派你到我们的'金矿'工作，就在对街——'品园信封公司'。"

在街上闲晃了1个月的哈维·麦凯现在站在铺着地毯、装饰一新的办公室内，不但顷刻间有了一份工作，而且还是到"金矿"工作。所谓"金矿"是指薪水和福利最好的单位。他非常感激和满足。

那不仅是一份工作，更是一份事业。通过努力，在42年后，哈维·麦凯还在这一行不断前行，成为全美著名的信封公司——麦凯信封公司的老板。

哈维·麦凯在品园信封公司工作当中，熟悉了经营信封业的流程，懂得了操作模式，学会了推销的技巧，积累了大量的人脉资源。这些人脉成了哈维·麦凯成就事业的关键。

事后，哈维·麦凯说："感谢沃德，是他给我的工作，是他创造了我的事业。"你所认识的每一个人都有可能成为你生命中的贵人，成为你事业中重要的顾客。做个有心人，随时随地注意开发你的人脉金矿！

只要你善于开发，每一个人都会成为你的金矿。

◎ **人物简介**

系山英太郎，一位在日本政商界呼风唤雨的显赫人物，26岁时当上了前首相中曾根的秘书；30岁即拥有了几十亿的资产；32岁成为日本历史上最年轻的参议员；1996年退回商界成为日本首富之一。

第 6 章

创富大学风险课：财富要从险中求

如果你留意观察，你就会发现过于谨小慎微的创业者是不可能获得巨额财富的。唯有具备极强冒险精神的创业者，才能使世界发生翻天覆地、日新月异的变化。风险大，利润必然也大，值得去冒险。冒经济风险的胆量，是成功的投资者所具有的特征之一。

第一节　摩根
——从冒险中把握机遇

两颗种子的命运

风险可能会导致你失败，但也会使你获得意想不到的收获，不冒风险看似安全，但它只会使你的一生在平庸中度过。

两颗相同的种子一起被抛到了地里。

一颗这样想：我得把根扎进泥土，努力地往上长，要看到更多美丽的风景……

于是，它努力地向上生长。在一个金黄色的秋天，它变成了很多颗成熟的种子。

另一颗却这样想：我若是向上长，可能会碰到坚硬的岩石；我若是向下扎根，可能会伤着自己脆弱的神经；我若长出幼芽，可能会被蜗牛吃掉；若开花结果，可能会被小孩连根拔起，还是躺在这里舒服、安全。

于是，它瑟缩在土里……

一天，一只觅食的公鸡走来，三啄两啄，便将它啄到肚子里了。

在慨叹两颗种子迥然不同的命运时，我们惊讶地发现这样简单的道理：越是想安于现状，越不能真正做到安于现状，因为各种偶然的因素会使你的周围充满风险。相反，坚定地树立奋发向上的信念，敢于冒险，敢于承受岁月风风雨雨的人，就一定能拥抱令人羡慕的成功。鲁迅先生说，世上本没有路，走的人多了，也就成了路。成功永远属于敢于第一个吃螃蟹的人。

成功需要冒险精神

摩根财团的著名人物约翰·皮尔庞特·摩根从年轻时就敢想敢干，很富有商业冒险和投机精神。两次成功投机奠定了摩根发达的基础。摩根大学毕业后，父亲介绍他到纽约一位朋友开的邓肯商行实习。

有一次，摩根为邓肯商行到古巴采购货物。当轮船停在新奥尔良时，他信步走在充满了巴黎浪漫气息的法国街。正当他感到无聊难耐时，突然有一位陌生人从后面拍了拍他的肩膀，问道："先生，想买咖啡吗？"

那人自报家门，说是往来于巴西和美国之间的咖啡货船船长，受委托到巴西运回了一船咖啡，谁知美国的买主破了产，只好自己推销。为尽快出手，他愿意半价出售。这位船长大概看出摩根穿戴考究，一副有钱人的派头，于是找他谈生意。

两个人在酒馆小酌后，摩根看了货，又经过深思熟虑后，决定买下咖啡。当他带着咖啡样品到其他城市推销时，朋友们都劝他要谨慎行事：价钱虽然让人心动，但舱内咖啡是否与样品一样则很难说。然而摩根凭借自己的判断力，认为这位船长是个可信的人。

于是，他毅然地买下了所有咖啡，并且电告邓肯商行。但是邓肯商行在回电中却指责他擅作主张，命令他停止交易。但是，木已成舟。摩根只好向父亲求援，老摩根毫不犹豫地支持儿子的行动，用他在伦敦的户头偿还了摩根挪用邓肯公司的款项。得到父亲支持的摩根不仅买下了那位船长的咖啡，还在他的介绍下收购了其他咖啡船上的咖啡。摩根赢了，事实证明他的判断没错，舱内全是好咖啡。就在他买下这批货不久，巴西咖啡因受寒减产，价格一下猛涨了 2 倍～3 倍，摩根大赚了一笔！

这一年摩根年仅 22 岁，他的第一次冒险成功了，但此时的摩根正沉浸在爱妻刚刚去世的悲痛之中。一方面为了安慰儿子，一方面出于对儿子能力的信任，父亲老摩根为他在华尔街开了一间摩根商行，在这里，摩根开始了他的财富人生。

为什么有的人一生轰轰烈烈，而有的人却一生平平淡淡；为什么有的人能事业有成，而有的人却碌碌无为。有人会说，成功者聪明能干，成功者机遇好……其实，成功者之所以成功，还有一点在于他们敢于冒险。

机不可失，矢不再来。人人都会说这句话，但有很多人只有等到机会从身边溜走之后，才恍然大悟，如梦初醒，急得上蹿下跳。机遇对任何人都是公平的，关键要看你是不是一个有心人。那些成大事者不但是捕捉机遇、创造机遇的高手，而且惯于在风险中猎获机遇！

如台风带来海啸一般，机遇常与风险并肩而来。一些人看见风险就退避三舍，再好的机遇在他眼中都失去了魅力。这种人往往在机会来临之时踌躇不前，瞻前顾后，最终什么事也干不成。我们虽然不赞成赌徒式的冒险，但任何机会都有一定的风险性，如果因为怕风险就连机会也不要了，无异于因噎废食。

很多成功人士都是从小打小闹开始的，很多企业家都是从摆地摊起家的。他们曾经和我们一样平凡，但是他们有梦想，关键是他们没有像大多数人那样畏首畏尾，思前想后，虽然没有百分百的把握，但他们还是冒险了。他们的敢于冒险使他们最终打开了成功的大门。

如果你想快速成为一个富翁，那么不要多想，想得多了，时间过去了，勇气也被消耗殆尽了。要敢于冒险，立即开始，也许几年后你会发现，原来成功并不如想象中那么困难！无论在生活中还是工作中，机会只偏爱那些有准备的头脑，做个有准备的人要在平时就做个有心人，这样才会懂得如何经营自己的命运，才会比别人收获得更多。

◎人物简介

约翰·皮尔庞特·摩根（1837 年 4 月 17 日～1913 年 3 月 31 日），美国银行家，亦是一位艺术收藏家。1892 年，他撮合了爱迪生通用电力公司与汤姆逊—休士顿电力公司合并成为通用电气公司。在出资成立了联邦钢铁公司后，他又陆续合并了卡内基钢铁公司及几家钢铁公司，并在 1901 年组成美国钢铁公司。

第二节　哈默
——只要值得就去冒险

只要值得，不惜血本也要冒险

第一次冒险使哈默尝到了巨大的甜头。于是，"只要值得，不惜血本也要冒险"成了哈默做生意的最大特色。

1898 年 5 月 21 日，阿曼德·哈默生于美国。他上大学时，就开始经营父亲留给他的药厂，成效显著，他因此成为当时美国唯一的大学生百万富翁。1921 年他赶赴苏联，成为贸易代理人，聚集了巨额财富。1956 年，58 岁的哈默收购即将倒闭的西方石油公司，并成为世界最大的石油公司的创业者。1974 年，哈默的西方石油公司年收入达到 60 亿美元。

哈默一生与东西方政界领导人关系密切，声誉传遍全球。经常有人向哈默请教致富的"魔法"。他们坚持认为：哈默发大财靠的不仅是勤奋、精明、机智、谨慎之类应有的才能，一定还有"秘密武器"。

在一次晚会上，有个人凑到哈默跟前请教"发家的秘诀"，哈默皱皱眉说："实际上，这没什么。你只要等待俄国爆发革命就行了。到时候打点好你的棉衣尽管去，一到了那儿，你就到政府各贸易部门转一圈，又买又卖，这些部门大概不少于二三百呢！"听到这里，请教者气愤地嘟哝了几句，转身走了。

其实，这正是 20 世纪 20 年代哈默在俄国 13 次做生意的精辟概括，其中包含着他的生意的兴隆与衰落、成功与失败的种种经历。

1921 年的苏联，经历了内战与灾荒，急需救援物资，特别是粮食。哈默本来可以拿着听诊器，坐在清洁的医院里，不愁吃穿地安稳度过一生。

但他厌恶这种生活。在他眼里，似乎那些未被人们认识的地方，正是值得自己去冒险、去大干一番事业的战场。他做出一般人认为是发了疯的抉择——踏上了被西方描绘得如地狱一般可怕的苏联。

当时，苏联被内战、外国军事干涉和封锁弄得经济萧条，人民生活十分困难，霍乱、斑疹、伤寒等传染病和饥荒严重威胁着人们的生命。列宁领导的苏维埃政权采取了重大的决策——新经济政策，鼓励吸引外资，重建苏联经济。但很多西方人士对苏联充满偏见和仇视，把苏维埃政权看作是可怕的怪物。所以，他们认为到苏联经商、投资办企业，就相当于"到月球去探险"。

哈默心里当然也知道这一点，但风险大，利润必然也大，他觉得值得去冒险。于是哈默在饱尝大西洋中航行晕船之苦和英国秘密警察纠缠的烦恼之后，终于乘火车进入苏联。

沿途的景象惨不忍睹，霍乱、伤寒等传染病流行，城市和乡村到处有无人收殓的尸体，专吃腐尸烂肉的飞禽，在人的头顶上盘旋。哈默痛苦地闭上眼睛，但商人精明的头脑告诉他：被灾荒困扰着的苏联目前最急需的是粮食。他又想到这时美国粮食大丰收，价格早已惨跌到每蒲式耳1美元。农民宁肯把粮食烧掉，也不愿以低价送到市场出售。而苏联这里有的是美国需要的、可以交换粮食的东西，如毛皮、白金、绿宝石……

如果让双方能够交换，岂不两全其美？从一次苏维埃紧急会议上，哈默获悉苏联需要大约100万蒲式耳的小麦才能使乌拉尔山区的饥民度过灾荒后，他认为机不可失，便立刻向苏联官员建议，从美国运来粮食换取苏联的货物。

双方很快达成协议。初战告捷。

没隔多久，哈默成了第一个在苏联经营租让企业的美国人。此后，列宁给了他更大的特权，让他做对美贸易的代理商。哈默成为美国福特汽车公司、美国橡胶公司、艾利斯一查尔斯机械设备公司等30几家公司在苏联的总代表。生意越做越大，他的收益也越来越多。他存在莫斯科银行里的卢布数额高得惊人。

风险大，利润必然也大，有高额利润就值得去冒险。

有冒经济风险的胆量是成功的投资者所具有的特征之一。

创业的风险是很高的，但只要你能坚持学习、不断努力，事业的回报也将是无限的。

要有规划性的去冒险

如果你留意观察，你就会发现过于谨小慎微的投资者是不可能获得巨额财富的。唯有具备极强创业精神的投资者，才能使世界发生翻天覆地、日新月异的变化。

有人专门问过1000位高收入者一个简单的问题："合理的经济风险对于你们在经济上的成功有多大的重要性呢？"净资产在1000万美

元以上的百万富翁中有 41% 人回答："非常重要"。而净资产在 100 万～200 万美元的高收入者给出同样回答的，仅有 21%。

愿意冒具有合理回报的经济风险与净资产之间明显存在着重要的联系。那些把自己经济上的成功归功于冒经济风险的人，在投资方面并不是瞎撞。他们大多数人认为，把赌博当作自己的经济来源是一种愚蠢的选择，大多数富翁或那些想成为富翁的人决不会去玩彩票。大多数人决不去赌博——冒风险者根本就不是赌博者。

善于经营投资的犹太人往往都熟悉概率论，他们知道可能性和期望值。玩彩票的中彩机会非常非常之小，以至于他们认为，"每周用火烧掉几张美元也比把钱丢到彩票中去更强！"他们知道，在大多数的赌博中，尤其是玩彩票，玩者根本无法知道总的数目，所以也无法知道中彩的可能性或期望值，期望值肯定要小于总的彩票的价格。玩者除非买更多的彩票，否则就无法增加赢的机会。

只要值得，就要去冒险。这种在风险中淘金的做法，是一种令人折服的投资方法。

◎ 人物简介

阿曼德·哈默（1898 年～1990 年）是一个很有志气的伟人。1919 年在哥伦比亚大学获文学士学位时，接管了父亲的制药厂。1921 年获得医学博士学位时，已拥有 200 万美元的资产，成为一名学生企业家。随后，他去了苏联，为两国的贸易和矿物开发做了大量的工作；同时还在苏联建立了铅笔生产厂，把美国成功的管理经验传授给这家工厂。

第三节　柳传志
——创业最难的地方在于冒险

不要幻想不冒风险

柳传志说："往上走是代价、是风险、是付出，也可能是机会。最难的地方就在于冒风险，冒商业的风险和政策的风险。"

做企业就必定要冒风险，所以那些幻想不冒风险就能一帆风顺地走向成功彼岸的人，非但不现实，同时在一定程度上来说，还不够成熟。柳传志认为，做企业是一定要冒风险的，不冒风险的企业难以生存下去。

联想收购 IBM 的个人电脑业务其实就是一大冒险。而且，这是一桩闻名全球的交易。早在 2004 年之前，"国际化"就已经成为中国商界最时髦的词汇之一，且不乏海尔、华为和 TCL 等大胆试水者和成功者。但此前的中国企业，尚未有过任何一家敢于吞并更大、更加成熟的西方标志性企业的资产的行为。

当绝大多数的国内企业仍为自身的生存问题绞尽脑汁时，柳传志就已经在普遍困扰中国企业的生存、改制、交接班等一系列问题上，为联想找到了堪称业界典范的解决方案。在其退休之前，从中科院计算所传达室起步的联想集团已然是中国 IT 产业的代名词。正像美国《财富》杂志所评价的那样："一弱小的中国电脑公司努力汲取海外伙伴的智慧，然后，转身就吃掉了他们的午餐。"

柳传志因此被舆论称为中国商界的领袖人物。联想成了中国自创品牌的最佳代言和做强做大的最好样板。

可以说，正是依靠着柳传志的带领，联想才能迅速成长。柳传志将塑造企业比喻为盖房子：屋顶是企业的核心竞争力，围墙是管理能力，地基是体制文化。

在柳传志看来，和外国公司相比，联想在"房顶上是有差距的，但底下的层面差距不大，甚至比他们做得好"。比如在销售中，如果有人利用此机会贪污，联想就会十分果断地将对方抓出来。其实，也正是因为柳传志对企业文化的用心塑造，使联想内部至今都没有明显的帮派之分，而且这也成为后来收购IBM的PC业务后，以杨元庆为首的中国团队能够让出管理权的关键。

可以说，这些基本的规章制度，为联想的内部改革和对外冒险策略的实施减小了内部的阻力。2001年联想集团拆分之前，联想投资成立，由朱立南执掌。这一家专事风险投资的公司以3500万美金起家，在2003年年底增资扩股至1亿美元。其中，对卓越网的投资已经收到了良好回报。

2002年年底，联想又和天津顺驰集团合资成立了天津顺驰融科智地有限公司，开发天津瑞景居住区而获得了不错回报，从此联想控股在地产领域胃口大开。2003年，以20亿元买下200万平方米土地，在北京、武汉、长沙、重庆等地完成了布局。

2003年，联想成立投资事业部，并在此后不久更名为弘毅投资。当年年底，联想控股以1亿元的价格买下中银香港的价值约7亿港元的不良资产包；2004年中期，联想控股又参与高盛进入中国的投资过程中，参股由国内著名投资银行家方风雷筹建的高华证券。

在今后的一段时间，柳传志恐怕仍得频繁地向外界解释这两个问题：收购IBM的PC业务是否太过冒险？为何又坚定地支持杨元庆？

柳传志认为外界对此的评论过于随意，他当时的考虑很简单：

"我在的时候，各方面条件比较好，我以为还会一直好下去，没想到杨元庆他们正好赶上 IT 业往下走，如果我真的做下去也未必有他们做得那么好，毕竟精力不如他们了。"

起用杨元庆的事得追溯到 1994 年。此前一年由于海外品牌的强势攻击，联想未能完成预定目标。为破釜沉舟，当时担任 CAD 部总经理的杨元庆被火线起用。年轻气盛的杨元庆很快就制定出了一系列积极变革的措施：精简队伍，专心于分销体系，改善激励机制……

但他在无意间却触及了联想内部其他部门的利益，为了 PC 事业部能够轻装上阵，杨元庆要求对接手的部件重新设计成本结算方式，这种违背联想以往销售法的提议遭到公司内部颇多反对，一位副总甚至对柳传志表示：给杨元庆的支持太多，旧规矩被打乱了。

事后柳传志承认，当时他的压力很大。他说："旧规矩被打乱了，新的没建立起来怎么办？"所幸，在坚定支持杨元庆之后，联想迎来了一个更好的结果，2000 年时，联想的市场占有率上升到 25%，成为国内市场老大，而康柏、IBM、惠普加在一起的市场份额由 21% 降至 10%。"这对中国社会的信息化也有很大的贡献，要不然 PC 价格会高得不得了。"

虽然此前的成就一度为杨元庆带来了极高威望，但后来的 3 年中，关于他缺乏战略眼光、未在行业低潮期提升联想竞争力的质疑之声不绝于耳。可是，即使如此，柳传志也从未考虑过更换杨元庆。

因为在柳传志看来，好的领导人是可遇不可求的，而且对柳传志来说杨元庆的诸多优点都难能可贵。杨元庆始终把企业的利益放在第一位，上进心强，并具备不错的学习能力。最让柳传志宽心的是，当年尚不懂得与外界妥协的杨元庆已经变得更为圆通。如在新联想是否该设中国和美国双总部的问题上，杨元庆就更多考虑安抚美国员工，而应允在美国设立单一总部。

用冒险去征服事业高峰

如果说起用杨元庆是一个大的冒险行为，那么随后的全力支持其收购 IBM 则更凸显出了柳传志的极大人格魅力。当 2003 年年底 IBM 主动与联想接洽收购 PC 业务一事时，柳传志比以往更强调"把问题想透彻"，要求决策层按照其"退出画面看画"的理论将宏观层面的问题——联想国际化需要什么？跟 IBM 合作，到底能不能得到想要的东西？有多少风险？我们要付出多少代价？——逐个看清，这也成为决定是否推进谈判的关键。决定之后，则对每个细节问题进行深入研究，以避免潜在风险。

在联想遭遇困境后，柳传志的复出不能不说是一个更大的冒险。但正是在这种种的冒险行为背后，柳传志带领自己的团队一次次地走上了一个又一个事业高峰。因为他深知，如果不去冒险创新，那么联想公司在这个竞争残酷的市场上，恐怕一天都不能生存。

◎人物简介

柳传志，中国著名企业家，投资家，曾任联想控股有限公司董事长、联想集团有限公司董事局主席。1966 年毕业于西北电讯工程学院（现西安电子科技大学），之后在国防科工委十院四所和中科院计算所从事科学研究工作，1984 年创办北京计算机新技术发展公司（联想集团前身），曾任总经理、总裁。1988年创建香港联想并出任主席。1997 年北京联想与香港联想合并，柳传志出任联想集团主席。2000 年 1 月被《财富》杂志评选为"亚洲最佳商业人士"。2011 年 11 月 2 日，联想集团宣布柳传志卸任董事长一职，将担任联想集团名誉董事长兼高级顾问。

第四节 马化腾
——更大的风险永远在后头

暴风雨之前的平静蕴含着更大的危机

马化腾说："暴风雨之前的平静蕴含着更大的危机，这意味着创业一定要有风险意识，因为更大的风险还在后面。"很多的创业者遭遇失败，并不是因为他们不够勤奋努力，更不是缺乏优秀的创意，很大程度上是因为他们缺乏风险意识。创业的过程就是一个不断和风险做斗争的过程，所以说，一个优秀的创业者，不论是在创业之初还是在接近成功的那一刻，都能保持创业者应有的警惕性，在风险还未到来之前就做好应对风险的准备，每一次的危机与风险对他们来说既是一次考验，同时也是一种提升创业境界的机会。

在腾讯创业的 10 年中，马化腾始终告诫自己和腾讯创业团队要有良好的风险意识，拥有良好的风险意识是腾讯做大、做强、做久的根本原则。但是，老虎也有打盹的时候，何况是人。马化腾曾经在腾讯取得一定成绩的时候逐渐丧失了对风险的警惕性，使得整个腾讯集团都产生了这样一个念头——腾讯是中国 IT 界的巨头之一，我们完全有能力抵御任何风险，风险对腾讯来说是一个并不存在的假设。这个自高自大没有一点风险意识的念头，曾经给腾讯的发展带来了灾难性的影响。

2006 年年初，腾讯 QQ 聊天工具的用户已经突破亿人大关，整个腾讯公司都洋溢着一股喜庆的气氛。从马化腾到普通员工，每个人都在兴奋之余放松了对风险的警惕性，忘记了商场是一个没有硝烟的战场，无时无刻不存在致命的危机。腾讯 QQ 聊天工具自开发以来只能显示在线用户的身份和 IP 地址，对不愿上线的用户有一个隐私保护功能——隐身。然而，在用户实际使用过程中，很多用户都希望看见那些"潜水艇"级别的常年隐身者，"隐身"这项功能在保护用户隐私时，也阻止了其他用户渴望交流的心理需求。

很快，腾讯十多年来的老竞争对手 51 网的老总庞永清抓住了腾讯的这一弱点，迅速开发出了显示隐身功能的彩虹 QQ。彩虹 QQ 其实是一种基于腾讯 QQ 聊天工具的外挂程序，也就是依附在腾讯 QQ 聊天工具主程序上的外部代替程序。庞永清的这一做法正是看准了马化腾和腾讯集团警惕性不高，放松了对风险的防御意识的时机，采取一种打擦边球的方式从腾讯挖走用户。

其实，外挂程序一直是马化腾和腾讯人心中永远的痛。自从 2001 年腾讯开始成为国内 IT 界的佼佼者时，就有人开始跟风，模仿腾讯的成功模式或直接盗用腾讯的产品技术来攫取大量财富。从 IPQQ 的鼻祖邹丹开始，国内很快就诞生了一大批显示隐身用户 IP 地址的 QQ 程序，很多的腾讯用户争相下载，导致腾讯的用户急剧减少，企业营业额也大幅下滑。在创业初期，马化腾始终保持着警惕性，每一次出现风险腾讯都能迅速将其化解。可是这次与以往不同，马化腾和腾讯人在用户人数过亿以后，飘飘然忘记了创业中永远伴随着风险，丧失了对风险的警惕性。

结果这一次，庞永清的彩虹 QQ 一经面世，就给腾讯造成了巨大的损失。还没等马化腾和腾讯人反应过来，一个比彩虹 QQ 更强大的外挂程序产品"珊瑚虫 QQ"又面世了，"珊瑚虫 QQ"比彩虹 QQ 更能详细显示 IP 地址和用户资料。这些外挂产品都有一个共同点——完全依附 QQ 产品的主程序，不需用户重新申请用户名，这导致很多的腾讯用户在不知不觉中已经变成彩虹 QQ 或珊瑚虫 QQ 的用户，在个人资料与 IP 地址外泄后又会反过来指责腾讯。

面对彩虹 QQ 和珊瑚虫 QQ 的强大攻势，马化腾在反省自己放松对风险警惕性的同时，马上与腾讯的技术人员们进行新技术的研发，不惜一切财力人力修复腾讯 QQ 产品主程序，以阻止一切外挂产品。在进行技术上的挽救措施时，马化腾也同时使用法律武器来维护数亿腾讯用户和自己企业的利益——向珊瑚虫 QQ 的开发者陈寿福提起诉讼。

为什么马化腾只起诉陈寿福而不起诉庞永清呢？一方面是因为珊瑚虫 QQ 给腾讯和用户造成的损失更大——陈寿福的珊瑚虫 QQ 共推出了 60 多个版本，而且将一些其他软件强行捆绑给用户，并在 IP 地址下方投放广告，而彩虹 QQ 仅仅推出了一个版本，也没有软件捆绑和广告投放等功能。另一方面是因为，马化腾和庞永清是十多来年的老对手，彼此因为竞争而熟悉，庞永清在国内 IT 界也是响当当的精英人物，虽说他趁马化腾放松对风险的警惕时开发出彩虹 QQ，损害了腾讯的利益，但毕竟是多年的老朋友了。在马化腾的劝说下，51 公司开发的彩虹 QQ 很快就自己封掉了，对腾讯造成的损害没有延续。

经过一番不懈的努力，马化腾和腾讯人终于从这次危机的阴霾中走了出来——珊瑚虫 QQ 的开发者陈寿福被判入狱，其产品被永远封掉，腾讯取得了自创业以来最伟大的一场胜利。马化腾在腾讯全体员工庆祝大会上说：“一场胜利不代表永远的胜利，导致这次危机产生的很大原因是因为我们缺乏风险意识，腾讯取得了一定成就之后就开始自满，逐渐放弃了对风险的警惕性。每一个腾讯人都应该明白，创业之途中没有‘风平浪静’这四个字，风险无时无刻不存在我们的身边。腾讯要走出中国走向世界，就要时刻都保持风险意识。”

时刻保持强烈的风险意识

从马化腾的创业历程中可以看出，每一次创业中，创业者都要时刻保持强烈的风险意识，没有风险意识的创业者注定不会成功。创业者要拥有足够的风险意识，首先，必须要有责任心，有了一颗对自己对创业负责的心，才能时刻警惕风险的出现。其次，创业者要有实事求是的作风，做每一件事都能一丝不苟，能够按客观规律办事，这是养成风险意识的最佳途径。

只有这样，才能在无形中发现事物的缺点与劣势，从而懂得怎样规避风险，不给竞争对手任何可乘之机。再次，创业者要保持强烈的风险意识，前提是要谦虚谨慎，因为骄傲自满往往是放松风险警惕性的温床。所以说，一个成功的创业者同样也是一个会合理规避风险的人。

◎人物简介

马化腾，英文名 Pony，1971 年 10 月 29 日出生，广东省汕头潮南区人，毕业于深圳大学计算机系。中国企业家，现代潮商代表人物之一，广东深圳腾讯公司董事会主席兼首席执行官。历年上榜胡润百富榜及福布斯中国富豪榜等，2013 年以 620 亿元人民币名列胡润百富榜第 3 位，以 622 亿元人民币名列福布斯中国富豪榜第 5 位。

马化腾 1993 年毕业后，开始任软件工程师，据称第一桶金来自软件销售及股票交易等。1998 年始创腾讯，几番挫折，终获成功，2004 年腾讯于香港上市后，马化腾的事业一路走高，获得不少社会荣誉。马化腾在社会公益事业方面有很大贡献，他认为应"将慈善做成习惯和时尚"。2007 年，马化腾成立了中国第一个互联网慈善公益基金会——"腾讯公益慈善基金会"，而在 2012 年、2013 年的福布斯"中国慈善榜"上，他还分别位列第 11 位、第 6 位。

第五节　李东生
——比危机先行一步

险中求胜的秘诀

谈起成功的秘诀，李东生说："险中求胜的秘诀就是，比危机先行一步。"

商场如战场，总是时刻充满着危机与变数。作为企业掌舵人不但要有掌管全局的能力，更重要的是要有先见之明，能够提前预知风险的存在，只有如此，才能让企业尽可能减少损失，而不致在创业初期就搁浅或触礁沉没。TCL 的掌舵人李东生就是这么一个具有先见之明的创业者。

2006 年，李东生遭遇了他职业生涯中最为严重的一次危机。在 TCL 完成对法国阿尔卡特手机和汤姆逊彩电两家国外企业并购的两年之后，他才突然意识到，面对竞争激烈的国际市场，无论在资金、技术，还是人才的储备上，TCL 都面临着巨大的挑战，而且对欧洲社会的法律、文化、风俗以及市场的了解匮乏，更加可怕的是，就在这两年中，国际主流彩电厂商迅速完成了从 CRT 电视到平板电视的产业升级和转型，刚刚进入国际市场的 TCL 被打了一个措手不及。

危机最早是在 2006 年年初开始爆发的。当时的 TCL 不仅在并购后的国际业务方面亏损，一直高歌猛进的国内手机业务也进入衰退期，多年前的"优等生"TCL 股份开始从 2005 年出现财报巨亏，并在一年后带上 ST 帽子。紧接着，又出现包括万明坚在内的众多企业高管离职，这对于李东生来说，无异于雪上加霜。媒体和民众的强烈质疑声不绝于耳，有人已经开始预测李东生能撑到什么时候。

这与 2004 年他因国际并购而获得央视"年度经济人物"时的众星拱月的情形相比，真是天壤之别。

遭遇了如此沉重的打击，让李东生深刻体会到人生之难和创业之艰，他甚至开始怀疑，TCL 的国际化战略是不是走错了道路。但李东生坚持了下来，他没有辞职。2006 年 5 月，他在 TCL 的内部论坛上发表了创业以来传播最广的一篇文章——《鹰的重生》。借用鹰在 40 岁时脱喙、断趾、拔羽以获重生的故事，号召 TCL 的全体员工团结一致，众志成城地应对企业所面临的信任危机，共同来推动组织流程和企业文化的变革和创新，坚定推进国际化企业战略的决心。他在这组文章的结尾坚定地指出："中国企业要成长为受人尊敬的企业，国际化是必由之路。"

虽然这一组文章并没能立刻平息社会各界对李东生的质疑，但是却为他在商界人士中赢得了相当多的支持和尊重。有人曾对此进行评论说，不管 TCL 的最终结局如何，李东生已经用他的实际行动表明了一种难能可贵的企业家精神：锐意变革、坚韧不拔。而 TCL 的实践，也已经为中国企业今后的国际化道路提供了许多可供借鉴的经验和教训。

作为中国企业通往国际化道路上的"排头兵"，李东生饱尝了其中的酸甜苦辣。总结这一段经历，李东生不无感慨地表示：从长远战略上看，中国企业走出去是必然的。因为经济全球化是一个大的国际趋势，国家与地区之间的经济壁垒终将会越来越少，中国的开放程度也会越来越高，如果只是守住中国市场，未来的路只会越走越窄。

　　经历过这次危机之后，在 2007 年年底，TCL 终于以 3.6 亿元的赢利脱掉了 ST 的帽子。李东生对此感慨良深："如果并购这件事情让我去重新做一遍的话，付出的代价肯定不会像当初那么大，但是已经过去的事情了，就不要再去想了，因为你改变不了过去，你只能去创造未来。"

　　这位做实业出身的创业者，也许不如企业内部的那些文化人自由浪漫。但做实业扎扎实实，"抬头看天，低头赶路"的风格却被他很好地继承了下来。只有做好了实业，社会的经济基础才会更扎实。

　　事实上，李东生的创业实践更多的凝聚了那个时代的中国制造业所普遍遭遇的困局：在摆脱改革开放初期一无所有的境地之后，以价格和渠道优势占领市场的中国制造行业，从来都没有真正地进入过国际市场。至于何时能够取得核心竞争优势，走出量大、质次、价低的瓶颈，真正做到"大而强"，并成功跨越国际化门槛，同时可与三星、GE、飞利浦等国际巨头并驾齐驱，就更可望而不可即了。

　　在那段特殊的历史时期，没有人能够看到危机背后的未来，也没有战胜危机的信心。而经历过国际并购的经验教训之后，李东生意识到了问题的所在，因而在向媒体谈到 TCL 过去的两个大的国际并购业务时，他承认，TCL 公司和他本人确实都在走向国际化的道路时遭受了重大挫折。从 2005 年～2006 年，TCL 连续两年出现巨额亏损，给他造成了巨大的经营压力，直到 2007 年，公司的运营才开始逐渐扭转亏损。

　　而面对 2008 年秋席卷全球的金融危机，曾经经历过一次重大挫折的李东生开始了对危机的前瞻性思考。尽管这次危机对 TCL 当年下半年的海外市场业务造成了很大的影响，尤其是引发了第四季度的销售额大幅下滑，但整体来看，2008 年的销量和赢利仍然均有增长。这不能不说是李东生之前的经验起到了一定的警醒作用。

虽然此次金融危机也为 TCL 带来了巨大的影响，但由于危机本身是客观不可控制的，从企业内部来讲，TCL 的竞争力已经有了明显的提高。李东生本人也对此早有预见，加之以前的经验教训，提前就做好了相关的应对准备，所以虽然这轮金融危机会造成全球电子信息产业重新洗牌，但对中国企业来说，尤其是像 TCL 这样的发展型企业来说，却是一个绝好的机会。也许他们还能在这轮经济局势的大洗牌中，提高产品在一些国家和地区的市场份额，从而迅速占领国际大市场。

李东生深知 2009 年对中国的企业来讲，又将会是一次全新的挑战，同时也更是一次绝好的机会。所以在重大的经济变革之下，大浪淘沙中，TCL 更注重的是在危机中如何把握住机会，迅速崛起，就如同他在演讲中所讲的"弯道超车"一样。在这轮优胜劣汰的残酷竞争中，品牌、文化、实力等多重因素下的比拼将是竞争的焦点。而这些因素，TCL 早都已经着手准备，只等待市场对他们考验时刻的到来。

提高自身在危机面前的先知预测能力

李东生之所以并不惧怕这次金融危机，是因为他能看清楚中国是世界上唯一保持经济快速、稳定增长的大型经济体，这也就为中国企业冲向世界创造了大好的国内环境。所以中国的企业就应该在立足本土市场的基础之上，坚持技术创新的方向不动摇，强化对中国市场的拓展力度，为企业找到升级的支撑力量。对那些创业者来说，如何提高自身在危机面前的先知预测能力，就变得更加的重要而急切。李东生在经历过国际化并购的教训之后才了解到做好充足准备的重要性，但他用他惨痛的教训告诫创业者：只有比危机先行一步，才能在危机到来时胜算在握。

◎**人物简介**

李东生，1957年7月出生，广东揭西人。1982年毕业于华南工学院无线电系。现任TCL集团股份有限公司董事长、总裁、党委书记。1985年任TCL通信设备公司总经理，1990年任惠州市电子通信总公司副总经理、党委副书记兼团委书记。1993年初，李东生担任TCL电子集团公司总经理。1996年底，李东生出任TCL集团公司董事长兼总裁。

第六节　尹同跃
——没有风险才是最大的危机

如果没有风险

如果企业缺乏足够的风险意识，就很难在激烈的竞争中站稳脚跟，而且可能不久之后就会面临破产或倒闭。奇瑞作为中国自主知识产权汽车行业中的老大，在不断迈向新的行业起点时，非常注意强化自己的风险意识。微软创始人比尔·盖茨有句名言："如果没有风险意识，微软的存在绝对不会超过18天。"而尹同跃说："如果没有风险意识，微软距离破产的日子有18天，但奇瑞仅仅只有18个小时而已。"

对于奇瑞来说，尹同跃一直认为——如果没有风险意识，不超过18个小时奇瑞就完蛋了。尹同跃的话虽然极具夸张的成分，但是从这句话中足以反映出他对创业风险的警惕性有多高。同时，尹同跃的话也从另一个层面说明：在汽车这个竞争激烈的行业，根本就容不得不思进取的创业者。如果创业者不能提高自己对商场风险的警惕性，可以说企业的灭亡只是早晚的事情。

在创业的过程中，尹同跃时刻抱有风险意识。很多人都能看到尹同跃的"疯狂"，但是很少有人能看到尹同跃"疯狂"背后的那份冷静和对风险极高的警惕性。从奇瑞的发展历程来看，尹同跃不仅时刻提醒自己要有风险意识，更注重培养奇瑞所有员工的风险意识。

2004 年，因为经常得不到充分的休息，再加上饮食不规律，致使铁人般的尹同跃病倒在让他呕心沥血的公司里。经过专家会诊，尹同跃患上了严重的疲劳性肠胃功能紊乱症。于是，尹同跃和几个公司高层的领导商议后，决定前往加拿大养病。临走前，尹同跃一再地叮嘱他们，在保持公司稳健发展的同时，要时刻注意市场变化，警惕企业发展中遇到的每一个风险。

即便如此，在尹同跃走后不到一个月的时间里，奇瑞集团就发生了自诞生以来最大的危机——奇瑞汽车因为质量问题退货率竟然达到了 95%。可以说，这在整个国内汽车界都是很罕见的事情。于是，刚到加拿大，屁股还没坐稳的尹同跃就匆忙回国。

回国之后，他立刻命令技术人员对退回的汽车进行大"肢解"。接下来，经过仔细分析后发现，这批汽车的发动机上有一个小螺丝是塑料做的，而不是奇瑞发动机一直使用的常规发动机螺丝。塑料螺丝非常容易坏，并且经常会导致发动机出故障。于是，尹同跃一方面命令相关人员将所有汽车的发动机重新进行检测并更换新配件，一方面对主要负责零部件采购的主管做出了严肃处理。

在所有问题得到解决后，尹同跃同那位主管做了一次深谈。那位主管告诉尹同跃，之所以采购一批塑料螺丝，是因为他没有良好的风险意识，只想为公司省点钱，进而贪图塑料螺丝的价格便宜，而他在对塑料螺丝的检测上也只是例行公事，并且认为一个小螺丝发挥不了多大的作用，而结果却是给公司带来了不小的损失。

尹同跃听完这个主管的话后，并没有再深责他，只是派给他一项新任务——给所有员工做一个关于风险意识的报告。

通过这次"螺丝"事件后，所有奇瑞人都更加注意强化自己的风险意识，努力把企业风险降到最低。尹同跃在不断强化自己的风险意识的同时，更注重抓住风险背后所带来的机遇。

风险意识成就了辉煌

2008 年，百年不遇的金融危机横扫全球，通用、克莱斯勒、丰田等世界汽车业巨头在金融危机下举步维艰。但是，中国的奇瑞汽车却加速了在海外市场的拓展步伐。奇瑞的这一举动，令很多汽车界的精英都觉得不可思议。一位资深汽车人在碰见尹同跃时惊奇地问："2008 年，全球每一个地方都充满着风险的陷阱，奇瑞为什么不选择'坚守城池'而一再地'攻城略地'呢？"尹同跃笑着回答："风险无时无刻不在，如果只是因为 2008 年的风险比以往更多，奇瑞就选择保守的发展战略，那么风险背后的机遇岂不是就从我们指间白白溜走了。"

2008 年，在通用以及克莱斯勒等世界知名汽车企业纷纷破产、倒闭的情况下，奇瑞汽车却第一次突破了海外年销售量超过 15 万辆这一里程碑式的大关，再一次在世界汽车业界掀起了一股强劲的"奇瑞风"。面对这一骄人的成绩，尹同跃用沉稳的声音告诉所有人——风险并不可怕，可怕的是你从来不去注意风险的存在，更没有一颗敢于抓住风险背后机遇的心。

正是由于对风险有着足够的认识，时刻对企业所在的经济大环境保持忧患意识，才成就了奇瑞今日的辉煌。创业者一定要明白，正是因为风险的存在，才迫使企业在市场优胜劣汰的法则下不断前进、不断创造更多的辉煌。这就要求每一个创业者都能够拥有一颗"大心脏"，在不断强化自身风险意识的同时，更要敢于出手，揭开财富外面的风险外衣，成功实现自己的创业梦想。

但是，良好的风险意识不是任何一个创业者都能拥有的。因为它只属于那些能够坚持不懈地学习、努力开拓自己的眼界、拥有在同行业最先进专业技术的人。所以，创业者要想拥有良好的风险意识，就要保持谦虚谨慎的态度，并且时刻关注市场动态，才能取得创业的成功。

◎人物简介

尹同跃，奇瑞汽车有限公司党委书记、董事长兼总经理。1962 年 11 月生，安徽巢湖人，中国共产党党员。1980 年 -1984 年就读于安徽工学院（现合肥工业大学）汽车制造专业，1984 年进入中国第一汽车集团公司红旗轿车厂任工艺员；1989 年 10 月～1991 年 10 月，赴德国、美国学习，并参与一汽大众的前期准备工作；1991 年 10 月～1996 年 11 月，在一汽大众汽车有限公司任总装车间主任、物流科科长，曾获一汽"十大杰出青年"称号。1996 年 11 月离开一汽集团进入奇瑞公司工作。1996 年 11 月～2004 年 2 月，任奇瑞执行副总经理；2004 年 2 月至今，任奇瑞汽车有限公司党委书记、董事长兼总经理。

第七节　王传福
——培养自己的冒险精神

成功的企业家大都是冒险家

一项调查表明，百万富翁总是比普通百姓富有冒险精神。

心理学家为一些企业家设计了一个投篮游戏，游戏中，每个人都要在规定距离（从1米~20米不等）以外向篮网里投球。不用说，站的位置越靠后，投中的概率就越小。如果将球投进了篮网，就能得到和距离米数相同的得分；如果投不进，就要减去和距离米数相同的分数。心理学家对这一游戏进行观察，旨在找出哪些人既得高分又不担心失败。结果发现企业家总体上爱尝试远距离投篮得分。但是企业家也有区别，有些人精心计算，有些人却甘愿冒大的风险。比如，有的企业家在距离较近的位置投两次，第三次再往后站到很远，这是精于算计的表现。有位企业家却每次投篮都站在20米线上，其投篮的策略可谓孤注一掷，冒的风险最大。

1966年2月15日，王传福出生在安徽无为县一户农民家庭。这个一文不名的农家子弟，26岁时便成为高级工程师、副教授；在短短7年时间里，将镍镉电池产销量做到全球第一、镍氢电池排名第二、锂电池排名第三，37岁便成为饮誉全球的"电池大王"，坐拥3.38亿美元的财富。

2003年，他斥巨资高歌猛进汽车行业，创建比亚迪股份有限公司，并发誓要成为汽车大王。是什么成就了他青年创业的神话，成为商界奇才的呢？很多人认为答案是智慧和汗水，而他自己则认为：最关键的是要有冒险精神。

在20世纪90年代，要花2万~3万元才能买到一部大哥大，国内电池产业随着移动电话的"井喷"方兴未艾。作为专家，眼光敏锐独到的王传福做出了一个大胆的决定——脱离比格电池有限公司单干。

脱离具有强大背景的比格电池有限公司，辞去已有的总经理职务，这在一般人看来太冒险。但王传福相信一点：最灿烂的风景总在悬崖峭壁，富贵总在险境中凸现。1995年2月，深圳乍暖还寒，王传福向做投资管理的表哥吕向阳借了250万元，注册成立了比亚迪科技有限公司，领着 20 多个人在深圳莲塘的旧车间里扬帆起航了。

如果说单干创业对于王传福来讲是第一次冒险，那么决定制造汽车无疑是他冒险的"疯狂之举"。2003 年 1 月 23 日，比亚迪宣布，以 2.7 亿元的价格收购西安秦川汽车有限责任公司 77% 的股份。比亚迪成为继吉利之后国内第二家民营轿车生产企业。

依靠敢于冒险的工作作风，王传福获得了传奇般的成功。当初，公司在香港上市时，作为公司的核心创始人，比亚迪股份有限公司董事局主席兼总裁王传福本人在比亚迪股份的持股比例仅为 28%，2003 年王传福以资产 3.28 亿美元登上《福布斯》杂志"中国大陆百富榜"，位列第 13 位。

成功的企业家大都是冒险家。商人的冒险愿望明显区别于团队工作者，后者要相对谨慎；也区别于专业人士，后者比团队工作者又谨慎一些；尤其是区别于公共领域工作的人，这些人可谓谨小慎微。这是由于经商是一种高风险、高回报的行为，干得好，就能挣到 100 万、300 万甚至 6000 万；干得不好，最终可能倾家荡产、妻离子散。很多情况下，企业家的冒险在行事小心的人眼里似乎前景黯淡，是头脑发昏、一时冲动所致。然而，正是这种冒险精神，对百万富翁的精神状态和发展潜力至关重要。

培养冒险精神的方法

一、做一个乐天派

那么，为什么企业家喜欢冒险呢？因为他们是天生的乐天派。创业之初，即便别人觉得他们前景渺茫，他们自己却对成功概率抱很高期望。他们相信自己不仅有成功的能力，而且有成功的可能，他们愿意全心全意为成功而奋斗。他们不会经常觉得苦恼或焦躁。虽然个别企业家承认自己曾经度过很多个不眠之夜，觉得某种风险无法逾越，但多数企业家都能接受冒险，却不细想可能出现的消极结果，也不担心万一不能如愿以偿会怎样。其他人看似无法接受的冒险，他们经过精心计算之后，却断定能够取得成功。

其实，他们不焦不躁还有一个原因：对获胜的机会抱很高期望。

二、制订冒险战略

对多数企业家而言，最大的风险出现在创业之初。这时，他们可能要拿房产作抵押、寻找大额贷款，或者动用一旦失败便会倾家荡产的存款。然而，这时他们并未创业、没有成就可言，就算失败，失去的东西也最少。多数成功企业最初都经营过零散的业务，为实现收支平衡，业主们通常要做好承担各种角色、担负不同工作任务的准备。但随着业务发展、利润上升，他们在冒险失败后可能会失去更多财产，于是，他们在制订冒险战略时，变得更加小心翼翼。

三、进行风险评估

事实上，商人的冒险程度也要分为三六九等。不过所有商人都相信，要想得到回报，就必须进行风险评估。对某些商人而言，冒险是一种美妙的境界，而对另一些商人而言，冒险是没有办法的办法。不过，如果确认对冒险经过精确计算，并相信能够从计算过的冒险中得到回报，那么就没有人愿意退缩，因为想发财就必须冒险。

如果失去的东西很多，冒的风险就太大。无论如何，冒险对创业非常关键，即便事业的发展顺水顺风，要想得到回报，也必须做好冒险的准备。

◎**人物简介**

王传福，安徽省无为县人，1966 年 2 月 15 日出生，1987 年毕业于中南大学冶金物理化学专业，同年进入北京有色金属研究总院攻读硕士，1990 年毕业后留院工作。1995 年辞职，创办比亚迪公司，短短几年时间，发展成为中国第一、全球第二的充电电池制造商。2003 年进入汽车行业，现为比亚迪股份有限公司董事局主席兼总裁、比亚迪电子（国际）有限公司主席。

第 7 章

创富大学必修课：打破创富的框架

人类智慧的进步让我们有可能既过得舒适，同时又能够享受富足的生活，不再依靠模式化的致富法则，这要归功于建立在这种智慧基础上的技术和效率。现实早已经证明了这个真理——我们并不比自己的祖先勤劳得多，但我们现在的生活水平却是他们远远不能相比的！这要归功于什么呢？显然，勤劳并不是唯一的原因。我们要努力打破致富的框架，与其默默无闻地埋头苦干，不如多动些脑子！

第一节 刘永行
——财富不看学历

低学历也能奋斗成富豪

现任东方希望集团董事长的刘永行，毕业于四川一所专科学院，只有大专学历。凭借着自己在创业道路上的奋斗，成为国内首屈一指的富豪。在福布斯富豪榜上长期占据前列位置，并且被《福布斯》评为中国大陆最成功商人排行榜第一名。

1982 年，大学毕业的刘永行四兄弟为摆脱贫困，变卖手表、自行车筹资 1000 元人民币，以过人的胆识相继辞去公职到农村创业，从孵鸡、养鹌鹑开始，完成了 1000 万元的原始积累，并成立了希望集团。

1995 年，刘永行四兄弟明晰产权，进行资产重组。老大刘永言创立大陆希望集团，老二刘永行成立东方希望集团，老三刘永美建立华西希望集团，老四刘永好成立新希望集团，各自在相关领域发展。

到 1999 年底，东方希望集团已发展成为以饲料为主，涉足食品、高科技、金融、房地产、生物化工等行业，拥有 140 多个工厂的全国性集团公司，是国内最大的民营企业之一。

对于教育自己的儿子，刘永行也十分注重对其财富观念的影响。他认为，授之以鱼不如授之以渔，他希望儿子在自己的创业过程中去提高自身的综合能力。他认为"如果没有优秀的人才，财富是不会持久的"。优秀的人才，并非指的是高学历的人才，而是能够学以致用，为自己创造人生财富的人才。

如今，许多的中国孩子走着一条既定的人生道路：接受着正规合法学校的教育，学习好各种文化课程，进入重点中学，读名牌大学，找一份好工作，终身为财富的积聚而奋斗。但是，无数事实告诉我们，这样做其实不一定能够获得想要的财富。因为，他们没有财商意识，或财商浅薄，又没有去认真学习关于金钱的知识。

只知道为了钱而拼命工作是不对的。他们一生中或许都在为别人打工，一生都被房贷、车贷所禁锢；他们承受不了一场大病，不敢轻易换工作；经济危机导致的失业将是致命的，于是他们加倍努力地工作。

对金钱有着怎样的观念，决定着一个人在未来的几十年间过着怎样的生活。很多人虽然受过高等教育，但却很少甚至几乎没有接受过财务方面的必要培训。

为钱工作，以为钱能买来快乐，这种想法本身就是不幸的。一生生活在恐惧中，怕失去金钱而穷困，从不去探求梦想，是残酷的；半夜醒来想着许多的账单要付是一种可怕的生活方式，以工资的高低来安排生活不是真正的生活。

高财商胜过高学历

当今世界，硕士、博士们过着打工的生活已经不是什么稀奇之事，而中专生、高中生们当老板的并不在少数。论智商，硕士博士肯定在高中生之上。不过，一个人智商不足，可以用情商、财商来弥补；情商不足，可以用财商弥补；但是财商不足，智商和情商再高也难以弥补。

为什么财富的最多拥有者偏爱于很多低学历的人呢？一方面，在市场经济中，财富总是喜爱冒险者的。低学历的人，大部分为了生活都会愿意做比较高风险的事情；另外一方面，在冒险的过程中，他们锻炼出了较高的财商。在我国，财商的教育不是在学校中培养的，更多的是在实践中摸索出来的。所以说，就算是高学历，如果没有这方面历练也是无济于事。

许多发达国家都非常重视孩子的财商教育。遗憾的是，与国外财商教育相比，国内的财商教育还处于起步阶段，很多父母根本没想到对孩子进行财商教育，与之相比，更注重的是提高孩子们的智商，以此去换取更高的学历。

财商教育绝不仅仅是金钱教育，它更是一种综合生活能力素质教育，与我们的生活密不可分。

在我国的传统教育中，人们过度重视高学历，而忽视了孩子财商能力的培养。而在现实生活中，单纯依靠高学历很难解决我们很多的生活问题。生活离不开"知识"，但学历高并不代表"知识"高。无论一个人的学历高低，有了高财商，都会让我们的所学创造更大的财富，为提高我们的生活品质而更好的服务。书中后面那些富有的人的高财商故事也告诉了我们这样一个事实—— 一个人既要有"真才实学"的学历，更要有"点学成金"的财商！21 世纪是一个高财商胜过高学历的时代。

◎人物简介

刘永行，1948 年 6 月出生于四川省新津县，1982 年，与其另三个兄弟各自辞去公职共同创业。1986 年，刘氏兄弟创办专门研究饲料的希望科学研究所。1991 年，刘氏兄弟在成都组建东方希望集团，刘永行任董事长。在 2005 年《福布斯》中国大陆富豪榜上，刘永行以 11.6 亿美元排在第 5 位；获 2009 胡润慈善榜——单年子榜第 47 名；2008 年福布斯中国富豪排行榜排名第一。2009 海南清水湾胡润百富榜第 5 名。2012 年福布斯中国富豪榜第 7 名。2013 年福布斯中国富豪榜第 10 名。

第二节 古耕虞
——主动让同行赚钱

最愚蠢的人，就是想一个人发财

"不让人赚钱的买卖人，不是好买卖人。"这是百年商业巨子古耕虞经常说的一句话。

在商业社会，做生意总要有伙伴、有帮手、有朋友。你照顾了别人的利益，实际上也就是照顾了自己的利益。古耕虞又反复解释："同人往来，事先一定要好好算，如何使自己能获得最大的收益。但无论怎么算来算去，一定要算得对方也能赚钱，不能叫他亏本。算得他亏本，下次他就不敢再同你打交道了。"

古耕虞是这样说的，也是这样做的。

有一年，有位中间商向古耕虞借钱，到川北收购了1万多张羊皮。不料运输途中遭到水渍，损失很大。这个中间商心急如焚，去找古耕虞想办法。古耕虞算计了一下，心想如果向对方逼债打官司，那么这个中间商就只得宣告破产，甚至上吊。因此，古耕虞不仅没有向中间商追债，反而主动放账给他，叫他马上再去川北，继续收购好羊皮。这次收购的数量比上次多了十多倍，运到上海后卖出了好价钱。本来中间商要亏本1万多元，经古耕虞帮忙，反而赚了4万多元，这使得中间商对他感恩戴德了一辈子。

凡是成功的企业家，都信奉这条准则。中国的火柴大王刘鸿先生也曾说过类似的话："你要发大财，一定要让你的同行、你的跑街和经销人发小财。""最愚蠢的人，就是想一个人发财，叫别人都倒霉。"

所以生意人绝对不能精明过了头。如果说商人的真理是赚钱，那么精明过了头，这个真理同样会变成荒谬。你到处叫人家吃亏，就会到处都是你的冤家，到处打碎别人的碗，最后必然会把自己的饭碗也打碎。其实，为人处世何尝不是如此？你损害了朋友的利益，也必损失了你自己的利益；你照顾了朋友的利益，也就等于照顾了自己的利益。

众人拾柴火焰高

20 世纪 90 年代初，林师傅所在的汽运公司破了产。家住关山的林师傅只好买了辆小货车自谋生路。一开始他为别人运大件，但客源不稳定。

偶然之中，林师傅发现，华工（现华中科技大学）每逢开学或放假，学生都会来个大搬迁——换寝室。整个寝室搬迁把学生累得够呛，林老板看到了机会，觉得这也许是个稳定的生意。

于是一到开学、放假前后，林师傅的车就停在了学校周边揽生意。一寝室的东西，叫辆车，运一趟就解决了，30 块钱的运费平摊到每个人头上也没多少钱，大学生们也觉得划算。

林师傅属于最早做这事的一批，后来发现这个生意的人多了，搬家车就越停越多。都说"同行是冤家"，一开始，大家的车都自找"蹲点"。不久后，他们就觉得，聚在一起生意会好一些。也没谁来组织，自然而然的，车都聚集到一个固定点，俨然成了个"搬家车小超市"。一些搬运工也被"吸附"到"搬家车小超市"里，成了林师傅他们的最佳拍档。慢慢地，时间一长，大家也都知道，到这里来就能找搬家车和搬运工了。

几年前，因为光谷建设，华工周边不允许停车，整个车队就一起搬迁到马鞍山脚下，这里是光谷的心腹地带。因为林师傅他们的搬家车在学生中早已有市场，新老学生要搬家还是跑到这里来找车。而车队的聚集也吸引来其他路子的生意。周边的苗圃也来此找车运送幼苗，光谷一些公司临时搬大件也到他们这个超市里找车……

俗语曰：众人拾柴火焰高。林师傅他们的经历也是讲述的这样一个道理。都说"同行是冤家"，其实同行如果做了"亲家"，联盟起来，可能利大于弊。

让每部分都成长

台湾企业家郭台铭曾接到一笔大订单，为此，集团上下摩拳擦掌，就在所有人都铆足了力气准备大干一场的时候，郭台铭突然做出了一个让大家意想不到的决定——他已经向几个关系不错的同行发出了邀请，希望大家能和他一起完成这笔订单。

郭台铭的决定刚一宣布，集团里立刻响起一片反对声。在股东大会上，郭台铭耐心地和大家解释着自己的决定。郭台铭告诉大家："虽然我们现在的利润高速增长着，可我们和同行之间的关系却是越来越差，因为我们的成功，很多同行的生意都已经到了举步维艰的程度了，从而使得外界对我们的怨言越来越多。所以，我们不仅要想着自己怎么赚钱，也要学会和别人一起赚钱，为我们营造一个更好的经营环境。"

看着大家默不作声，郭台铭继续说道："一个企业就好比一个婴儿，利润、和同行的关系、技术研发能力等条件就像是他的手脚。一个只有手不断成长的婴儿，能够健康地成长吗？"郭台铭的话深深触动了大家，虽然有些人还是想不通，但还是赞同了他的决定。

几年后，郭台铭的经营遭遇到了危机，当企业陷入困境时，当初郭台铭帮助过的同行们纷纷向他伸出了援手。

并不是每个人都能成为商业巨子，但是每个人都应学习郭台铭"让每部分都成长"的生存智慧。上学的时候，我们不仅要关注自己成绩的提高，也要营造自己良好的人际氛围；工作的时候，我们不光要努力提升业绩，更要让自己可以随时充电加速成长；发展事业的时候，我们不但要关注利润的增长，更要懂得创造和谐的成长环境。

◎人物简介

古耕虞（1905 年 ~ 2000 年），祖籍广东，出生于重庆山货业世家。21 岁即继承父业经营古青记山货字号，仅 2 年便"拥有重庆山货业天下之半"，仅 8 年便垄断了四川猪鬃出口业，使其"虎牌"猪鬃驰名欧美市场。抗战期间，猪鬃的收购、出口指定由官办的川畜公司经营，但因国际市场只认古青记虎牌猪鬃，故仍任其拥有该公司大部分股份，并任总经理。抗战胜利后，古耕虞又将川畜业务推向全国，以致垄断了全国猪鬃出口总量的 80% 以上，被誉为"猪鬃大王"。新中国成立后，为突破西方经济封锁使我国猪鬃顺利出口做了大量工作，历任全国人大常委会委员及其财经委副主任等职。

第三节　佐川清
——巧妙地利用自己的长处

经营自己的长处

据报载，大文豪马克·吐温曾经经商，第一次他从事打字机业务，因受人欺骗，赔进去 19 万美元；第二次办出版公司，因外行不懂经营，又赔了近 10 万美元，不仅将多年的积蓄赔个精光，还欠了一屁股债。其妻子深知丈夫没有经商的本事，却有文学上的天赋，便帮助他振作精神，重走创作之路。终于，马克·吐温很快摆脱了经商失败的痛苦，在文学创作上建立了辉煌的业绩。

富兰克林有一名言："宝贝放错了地方便是废物。"在人生的坐标系里，一个人如果站错了位置——用他的短处而不是长处来谋生的话，他可能会屡遭碰壁，久而久之，会在永久的自卑和失意中沉沦。

所以说，人生的诀窍就是经营自己的长处。经营自己的长处能给你的人生增值，反之，经营自己的短处会使你的人生贬值。

在自己的强项上努力

佐川清出生于日本一个富裕家庭，8 岁那年，母亲因病去世，他跟继母的关系不好，中学没毕业就赌气离家出走，到外面自谋生路。

最初，他在一家快递公司当脚夫。那时的快递公司一般没有运输工具，主要靠搭车和走路，对体力要求比较高，非常辛苦。

当了 20 年脚夫后，佐川清 35 岁了。他想，自己年龄不小，应该拥有一份属于自己的事业。干什么好呢？别的行业他不懂，最好还是从自己最拿手的项目开始。于是，他在京都创办了"佐川捷运公司"。公司只有一位老板和一位员工，都是佐川清自己。公司的资产是他强壮的身体。应该说，这是真正的白手起家，从零起步。

佐川清的优势是，他在这一行已有 20 年经验，知道怎样拉生意和跟客户打交道，也知道怎样把事情做好。渡过最初的艰难时期后，他成功地打开了局面。后来，他承接的生意越来越多，一个人忙不过来，便开始雇用职员，还买了两辆旧脚踏车做运输工具。再后来，"佐川捷运公司"发展成一个拥有万辆卡车、数百家店铺、电脑中心控制、现代化流水作业的货运集团公司，垄断了日本的货运业，并且将生意做到国外，年营业额逾 3000 亿日元。佐川清本人也成为日本著名财阀之一。

在一般人看来，当脚夫是比较低贱的职业，不可能有出息。其实，天下没有什么低贱职业，只要你做得比别人更好，在任何行业你都能成功。怎样比别人做得更好呢？勤奋与敬业必不可少，但只有这两条还远远不够。你最好把努力方向定在自己的强势项目上。

在广袤的草原上，一只小羚羊忧心忡忡地问老羚羊："这里一望无际、没遮没拦的，我们又没有锋利的牙齿，难道天生就成为狮子、老虎的腹中物不成？"老羚羊回答："别担心，孩子，我们的确没有锋利的牙齿，而我们却拥有可以高速奔跑的腿，只要我们善于利用它，即使再锋利的牙齿，又能拿我们怎么样呢？"

你也许相貌平平，也许一无所长，但你不应该自卑，也许在某方面你存在着惊人的潜力，只是你并没有发觉罢了。正视自己，更深层地挖掘潜力，相信天生我材必有用，是金子就一定会发光。

游鱼只有在水中才能找到自己的乐园，飞鸟只有在天空才能自由飞翔，老虎只有在山林中才是百兽之王。麻雀是林梢上的英雄，不适合住在笼子里；农民出演教授，总有些找不到感觉；画家创作歌曲，味道总有些不专业……世上万物依靠自己独有的特长成为万物中的一员，在永恒的生存竞争中占得一席之地。假如它们抛弃自己的长处，就只能在生存机会的竞争中成为优胜劣汰的牺牲品。

大投资家、"股神"巴菲特的一个成功秘诀是："不投资自己不熟悉的行业。"这也是成功人士的一个共同特点。无论是进行金钱投资还是智力投资，在自己熟悉且胜任的行业，总是比较容易获得成功。

其实那些成为富翁的人也并不是每个方面都很优秀，只是他们能够巧妙地利用自己的强项，并最终将最好的一方面发挥出来。在人生的坐标系里，一个人如果站错了位置，用他的短处而不是长处来谋生的话，那是非常遗憾的。

◎人物简介

佐川清以一个地地道道的脚夫身份进行创业，二战后和妻子共同开办了"佐川捷运"。"佐川捷运"得到了快速的发展，垄断了整个日本的货运，年营业额超过3000亿日元，名列日本商业第一，并在世界货运市场上占有重要地位。佐川清也从一名脚夫成为一个人人尊敬的富豪。

第四节　陈永志
——巧用财富的二八定律

不要过分追求完美

陈永志毕业后与几个朋友一起创业，公司刚成立不久，几个年轻人都是满腔热情。陈永志负责与客户谈业务，开始的时候觉得每个单子都要做到最好，单子没有签成他会有种挫败感，觉得自己能力不够，无心进行下面的工作，有段时间他特别颓废。他的一位长辈发现他有心事，就跟他聊天，他就把自己的心事说了。这位长辈说："你为什么总是盯着一个单子不放呢？为什么不试着去寻找新的客户呢？做生意谈不成是很正常的，这家不行，就找第二家嘛，不能把所有的时间都浪费在一家上。"

陈永志恍然大悟，发现在生意场上，追求完美也许并不是件好事，会让许多新的机会从你手中溜走。从此，他改变了自己的思路。他不断寻找新的客户群，签成的单子也越来越多，公司也慢慢地走上了成功之路。

一个单子做得再完美，它也不会变成两个，所以不要在一些不必要的问题上花费太多的心思来追求所谓的完美，这种完美很多时候给你带来的不是成就感，而是更多的挫败感。

要知道人是不可能达到十全十美的，完美是一种理想境界。如果你想快速成为百万富翁甚至亿万富翁，那就要学会满足于实现目标的95%而不是100%。不要只知道100分是优秀，其实95分也同样优秀，而且更容易达到一些。过分追求完美，会给自己造成很大的压力，由于害怕失败，所以就会格外谨慎，反而会让自己无法发挥自己应有的水平。

最重要的只占 20%

20世纪初，意大利经济学家巴累托发明了二八定律，他认为，在任何一组东西中，最重要的只占其中一小部分，约20%，其余80%的尽管是多数，却是次要的，因此又称二八法则。

二八定律说明，我们所做的事情并不是每一个细节都需要去完美地完成，只有最重要的20%需要我们做到极致，而剩下的80%并不是

主要的，没有必要做到完美。如果花费很多精力去追求那 80% 的完美，并不会取得很好的效果。

弗兰克·贝特格是美国保险业的巨子，他总结过自己的从业经验："很多年前，我刚开始推销保险时，对工作充满了热情。后来，发生了一点事，让我觉得很气馁，开始看不起自己的职业并打算辞职——但在辞职前，我想弄明白到底是什么让我业绩不佳。"

"我先问自己：'问题到底是什么？'我拜访过那么多人，成绩却一般。我和顾客谈得好好的，可是到最后成交时他们却对我说：'我再考虑一下吧！'于是我又得再花时间找他，说不定他还改变了主意。这让我觉得很颓丧。"

"我接着问自己：'有什么解决办法吗？'在回答之前，我拿出过去 12 个月的工作记录详细研究。上面的数字让我很吃惊：我所卖的保险有 70% 是在首次见面时成交的；另外有 23% 的是在第二次见面时成交的；只有 7% 的是在第三、第四、第五次见面时才成交的，而我，竟把一半的工作时间都浪费在这上面了。这个发现让我激动不已，又燃起了创造佳绩的激情，把辞职的事也抛到九霄云外去了。"

"该怎么做呢？不言自明：我应该立刻停止第三、第四、第五次拜访，把空出的时间用于寻找新顾客。"

"执行结果令我大吃一惊：在很短的时间内我的业绩上升一倍。"

这就是了解并运用二八定律后带来的改变，弗兰克发现自己的精力和时间都浪费在效益并不明显的 7% 上，所以业绩并不突出，在二八定律的影响下，弗兰克立即改变了工作方法，把大部分时间和精力用来寻找新客户——他们为他带来了 80% 的工作收益。

我们要看清的是，我们所做的事情中，只有20%是需要做到完美的，其余的80%做到90分就足够了，这样不仅能高效率地工作，而且能收获更多。

二八定律告诉我们，最重要的只占其中一小部分，即20%，而其他的80%尽管是多数，却是次要的。在成为百万富翁的努力中，我们并不需要将100%放在同一个位置，投入相同的精力，相反的，我们应该把更多的精力放在那些重要的事情上。只有这样，我们才能抓住重要的，从而获得更大的利益，以期获得更大的成功。

另外，学会在众多工作之中选取重点。二八定律的本质是要学会取舍，有重点地进行投资、投入。因此学会选择重点显得尤为重要，你要明确自己的目标，找到实现目标的关键点，对关键点投入更多的时间、金钱，这样会避免不必要的浪费。

让事情变得简单一些，不要让完美主义勒住效率的脖子，吹毛求疵只会让自己变得死板、烦躁，失去自信，这已经不符合这个高效率的社会了。怎样在最短的时间里，消耗最少的资源，得到最大的收益才是我们最应该思考的问题。

◎人物简介

陈永志，1944年9月出生，福建福州人，中共党员，大学文化，高级工程师，湖北华新集团股份公司副董事长、总经理。1968年12月～1970年3月在济南军区学生农场劳动；1970年～1984年先后在华新水泥厂设备科、基建科、技术科、烧成车间、中心化验室工作，历任技术员、化验室副主任；1984年10月～1993年任华新水泥厂副厂长；1993年～1997年4月任华新集团股份公司常务副总经理；1997年4月任湖北华新集团股份公司副董事长、总经理。1997年12月当选为湖北省第九届人民代表大会代表。

第五节 伍兹
——成为"敢做梦"的野心家

野心是"治穷"的特效药

生活中，常常听到朋友发出这样的哀叹："唉！命运真是太不公平了，财富的大门为什么不向我敞开呢？"这样的话听得多了，于是，我们便常常思索这样一个问题：茫茫人海中，为什么有人腰缠万贯，有人贫困如洗，难道真是应了中国那句古语"生死有命，富贵在天"吗？

或许看到这则真实的故事，心中就能豁然开朗起来：

法国曾经有一位很穷的年轻人。后来，他以推销装饰肖像画起家，在不到 10 年的时间里，迅速跃居法国富豪排行榜前 50 名，成为一位年轻的媒体大亨。但是不幸的是，就在他的事业蒸蒸日上的时候，他患上了前列腺癌，并于 1998 年在医院去世。他去世后，法国的一份报纸刊登了他的一份遗嘱。在这份遗嘱里，他说：我曾经是一位穷人，在以一个富人的身份跨入天堂的门槛之前，我把自己成为富人的秘诀留下，谁若能通过回答"穷人最缺少的是什么"这个问题，他将能得到我的祝贺，我留在银行私人保险箱内的 100 万法郎，将作为睿智地揭开贫穷之谜的人的奖金，也是我在天堂给予他的欢呼与掌声。

遗嘱刊出之后，有 48561 个人寄来了自己的答案。这些答案，五花八门，应有尽有。绝大部分的人认为，穷人最缺少的当然是金钱，有了钱，就不会再是穷人了；另有一部分人认为，穷人之所以穷，最缺少的是机会，穷人之穷是穷在背时上面；又有一部分人认为，穷人最缺少的是技能，一无所长所以才穷，有一技之长才能迅速致富；还有的人说，穷人最缺少的是帮助和关爱，是漂亮，是名牌衣服，甚至是总统的职位等等。

在这位富翁逝世周年纪念日，他的律师和代理人在公证部门的监督下，打开了银行内的私人保险箱，公开了他致富的秘诀——穷人最缺少的是成为富人的野心！

看完这个故事，我们就会发现，野心是永恒的"治穷"特效药，是所有奇迹的萌发点。穷人之所以穷，是因为他们很少想到如何去赚钱和如何才能赚到钱，认为自己一辈子就该这样，不相信会有什么改变，安于现状，容易知足，即便不知足，也就发发牢骚而已。而富人，骨子里深信自己生来就不是穷人，而是要做富人，他有强烈的赚钱意识，他会想尽一切办法使自己致富，所以，最终，财富的大门向他们敞开了。

野心创造的奇迹

美国体育明星、亿万富翁"老虎"伍兹长期在体育名人富豪榜上占据头名。像许多美国黑人一样，伍兹出生在一个穷困的家庭。他家有 6 个兄弟，3 个姊妹，还有别人寄养在他们家的一个孩子。

穷苦的生活并没有影响伍兹成为一个快乐且有朝气的人。因为他知道，不管一个人有多穷，都可以做自己的梦。

伍兹的梦想就是运动。他对于棒球也很有天赋。当时他的教练是奥利·贾维斯，他不仅对伍兹充满信心，同时还教他怎样相信自己。他让伍兹知道，拥有一个梦想和足够的自信会使自己的生活有怎样的不同。

有一年暑假，伍兹的一个朋友推荐他去做一份暑期工。这是一个挣钱的机会——有钱就可以买一辆自行车和新衣服，还可以为给母亲将来买一座房子做储蓄。但是同时这也意味着如果去做这份工作，伍兹就必须得放弃暑假的棒球运动。

伍兹将他的想法告诉了教练。正如伍兹所想，教练果然很生气，说："你还有一生的时间可以去工作，但是，你练球的日子是有限的。你根本浪费不起。"

伍兹低着头向他的教练解释，他这样做的目的是为了那个替他的妈妈买一座房子和实现口袋里有钱的梦想。

"你做这份工作能挣多少钱，孩子？"教练问道。

"每小时 3.25 美元。"伍兹回答。

"噢，"他问道，"你认为，一个梦想就值 1 小时 3.25 美元吗？"

这个问题简单得不能再简单了。那年暑假，伍兹全身心地投入到运动中。同年，他被匹兹堡海盗队挑去做队员，并与他们签订了一份价值 2 万美元的契约，迈向了他实现梦想的第一步。

你是否能想象到，野心能够为你创造出怎样的奇迹？

有野心不是坏事，有野心才有动力、有办法、有行动。看看我们所认识的财富英雄们，无一不是野心家，比如洛克菲勒、比尔·盖茨、孙正义等等。没有财富野心，就没有积累财富的动力。

美国成功学家戴尔·卡耐基说："当你追溯到原点思索时，人生的一切无非根基于个人的梦想和目标。拥有更美好的人生，得先给自己一个奋斗的方向，决定自己的生活方式，这是幸福的起点。"美国潜能大师博思·崔西说："成功等于目标，其他都是这句话的注解。"

有一个名词叫作"志商"，就是确定人生方向和目标以及追求实现目标的能力。人生因梦想而伟大。梦想和目标是改变自我最好的工具。人生的发展规律是：志向启动梦想、目标启动欲望、信念启动计划和行动、最终形成结果而造就人生。

什么是人生？什么是成功人生？人生就是多个目标的连线，而成功人生就是多个有积极意义目标的连线。

人生成功，一般不是知识、才能就能评定的，也不是环境和条件，而是想法和志向。一个人想什么，做什么，就会活得像什么。人生所达到的高度，往往是我们自己在心理上所设定的高度。人是小志小成，大志大成。人生最大的问题，不是野心太大，而是安于平凡，一个人安于平凡就必然平凡。

万事开头难，有目标就不难，创富是从制定目标开始的。天下没有不赚钱的行业，没有不赚钱的方法，只有不赚钱的人。

历史和现实中，很多人的失败不是因为没有知识和能力，而是没有野心。有一颗野心比刻苦勤奋难，刻苦勤奋几乎人人都可以做到，但并非每个人都有一颗敢于追求财富的野心。由于没有野心，于是安分守己，故步自封，最终一事无成，这不能不说是人生的一大悲剧。哈佛毕业生的一个共同的特点，就是都有着自命不凡的心态和野心！哈佛学子们总是带着这样的自豪感认为："我们是世界上最优秀的人才！""我能成为世界上最大、最好的公司的CEO！"这种野心，成为哈佛的宝贵财富，造就了一批又一批政治家、科学家和工商管理精英！

所以，从现在开始，你要立即"做梦"，当一个野心家，设定赚钱的大目标：终生目标，10年目标，5年目标，3年目标，以及年度目标；然后制定具体计划，开始果敢的行动。

◎人物简介

艾德瑞克·泰格·伍兹，身价最高的超级体育明星，连续334周排名职业高尔夫世界第一。从1996年底转入职业以来，伍兹在第一个年头挣了650万美金，最高的2003年超过1.2亿。加上今年的收入，伍兹的PGA（美国职业高尔夫）巡回赛奖金总额超过4500万，为历史上最高的选手。当然这对于伍兹的收入来说实在是九牛一毛。与耐克的五年一亿合同将为伍兹带来每年2500万美金，迪士尼每年600万，豪雅表每年200万。除了这些长期合约，经纪公司IMG为他操作的单笔广告不下10种。

伍兹作为现代高尔夫运动当仁不让的形象代言人，他的身价是每洞 75 万美金！

第六节　希尔顿
——借力使力创财富

站在巨人的肩膀上

希尔顿从被迫离开家庭到成为身价 5.7 亿美元的富翁，只用了 17 年的时间。他发财的秘诀就是借用资源经营。他借到资源后不断地让资源变成了新的资源，最后自己成为全部资源的主人—— 一名亿万富翁。

希尔顿年轻的时候特别想发财，可是一直没有机会。一天，他正在街上转悠，突然发现整个繁华的优林斯商业区居然只有一个饭店。他就想：我如果在这里建设一座高档次的旅店，生意准会兴隆。于是，他认真研究了一番，觉得位于达拉斯商业区大街拐角地段的一块土地最适合做旅店用地。他调查清楚了这块土地的所有者是一个叫老德米克的房地产商人之后，就去找他。老德米克给他开了个价，如果想买这块地皮希尔顿就要掏 30 万美元。

希尔顿不置可否，却请来了建筑设计师和房地产评估师对他的"旅馆"进行测算。其实，这不过是希尔顿假想的一个旅馆，他想知道按他设想的那个旅店需要多少钱，建筑师告诉他起码需要 100 万美元。

希尔顿只有 5000 美元，但是他成功地用这些钱买下了一个旅馆，并不断地使之升值，不久他就有了 5 万美元，然后找到了一个朋友，请他一起出资，两人凑了 10 万美元，开始建设这个旅馆。当然这点钱还不够购买地皮的，离他设想的那个旅馆还相差很远。许多人觉得希尔顿这个想法是痴人说梦。

希尔顿再次找到老德米克，签订了买卖土地的协议，土地出让费为 30 万美元。然而就在老德米克等着希尔顿如期付款的时候，希尔顿却对土地所有者老德米克说："我想买你的土地，是想建造一座大型旅店，而我的钱只够建造一般的旅馆，所以我现在不想买你的地，只想租借你的地。"

老德米克有点发火，不愿意和希尔顿合作了。希尔顿非常认真地说："如果我可以只租借你的土地的话，我的租期为 100 年，分期付款，每年的租金为 3 万美元，你可以保留土地所有权。如果我不能按期付款，那么就请你收回你的土地和在我这块土地上所建造的饭店。"老德米克一听，转怒为喜，世界上还有这样的好事，30 万美元的土地出让费没有了，却换来 270 万美元的未来收益和自己土地的所有权，还有可能包括土地上的饭店。于是，这笔交易就谈成了，希尔顿第一年只需支付给老德米克 3 万美元，而不用一次性支付昂贵的 30 万美元。

就是说，希尔顿只用了 3 万美元就拿到了应该用 30 万美元才能拿到的土地使用权。这样希尔顿省下了 27 万美元，但是这与建造旅店需要的 100 万美元相比，差距还是很大的。

于是，希尔顿又找到老德米克，"我想以土地作为抵押去贷款，希望你能同意。"老德米克听后感到非常生气，可是又没有办法。

就这样，希尔顿拥有了土地使用权，于是从银行顺利地获得了 30 万美元，加上他已经支付给老德米克的 3 万美元后剩下的 7 万美元，他就有了 37 万美元。可是这笔资金离 100 万美元还是相差得很远，于是他又找到一个土地开发商，请求他一起开发这个旅馆，这个开发商给他了 20 万美元，这样他的资金就达到了 57 万美元。

1924 年 5 月，希尔顿旅店在资金缺口已不太大的情况下开工了。但是当旅店建设到了一半的时候，他的 57 万美元已经全部用光了，希尔顿又陷入了困境。这时，他还是来找老德米克，如实介绍了资金上的困难，希望老德米克能出资，把建了一半的建筑物继续完成。他说："如果旅店一完工，你就可以拥有这个旅店，不过您应该租赁给我经营，我每年付给您的租金最低不少于 10 万美元。"

这个时候，老德米克已经被套牢了，如果他不答应，不但希尔顿的钱收不回来，自己的钱也一分都回不来了，他只好同意。而且最重要的是自己并不吃亏——建希尔顿饭店，不但饭店是自己的，连土地也是自己的，每年还可以拿到 10 万美元的租金收入，于是他同意出资继续完成剩下的工程。

1925 年 8 月 4 日，以希尔顿名字命名的"希尔顿旅店"建成开业，他的人生开始步入辉煌时期。希尔顿就是用借的办法，用 5000 美元在两年时间内完成了他的宏伟计划。不能不说他是善于利用别人的高手。

牛顿曾经说过："我的成功只是因为站在了巨人的肩膀上。"在追求财富与梦想的现实社会中，学会"站在巨人的肩膀上"将是你取得财富的一个最大捷径。

一切都是可以靠借的，借资金，借技术，借人才。这些为自己所用的东西都可以拿来。这个世界已经准备好了一切你所需要的资源，你所要做的仅仅是把它们搜集起来，并用智慧把它们有机地组合起来。

这就是有钱人的思维方式。他们的意思是说，生意人应该尽量贷款，借助银行的资金为自己办事，如果你不能借用别人的资金，做生意是极为困难的。

生活在现实社会中，你周围有很多成功拥有财富的人，想办法接近他们，了解他们为什么能拥有如此多的财富，然后学习他们的经验，向他们请教成功心得。不要害怕遭到冷遇，因为在现实中，成功人士是不会拒绝一个诚恳的求学者的，相反，大部分人还会很乐意帮助他们。只要你以正确的态度谦虚地求教，他们会给你机会的。

学到了这些经验，那么你就开始慢慢地向"巨人"的肩膀上爬了，相信总会有一天，你也会像他们一样拥有自己的成功和财富。

不要抱怨你没有生在改革初期汹涌的经济大潮中，也不要遗憾你没有机会走在数字信息的前沿，要知道这些对你获取财富没有多大的影响，你反而更应庆幸当前创造出了这么多的巨富巨人。学会站在"巨人"的肩膀上，学会利用外力来发展自己，将比一切都重要。

"借"的力量

奥地利有个名叫图德拉的工程师，他一无关系，二无资金，居然想做石油生意，而且居然做得很成功，他是怎样做到的呢？

当时，图德拉了解到阿根廷牛肉生产过剩，但石油制品比较紧缺，他就来到阿根廷，同有关贸易公司洽谈业务。

"我愿意购买 2000 万美元的牛肉。"图德拉说，"条件是，你们向我购进 2000 万美元的丁烷。"

因为图德拉知道阿根廷正需要 2000 万美元的丁烷。因此正是投其所好，双方的买卖很顺利地确定下来。

接着，图德拉又来到西班牙，对一个造船厂提出条件说："我愿意向贵厂订购一艘 2000 万美元的超级油轮。"

那家造船厂正为没有人订货而发愁，当然非常欢迎。

图德拉又话头一转，"条件是，你们购买我 2000 万美元的阿根廷牛肉。"

牛肉是西班牙居民的日常消费品，况且阿根廷正是世界各地牛肉的主要供应基地，造船厂何乐而不为呢？于是双方签订了一项买卖意向书。

然后，图德拉又到中东地区找到一家石油公司提出条件说："我愿购买 2000 万美元的丁烷。"石油公司见有大笔生意可做，当然非常愿意。

图德拉又话锋一转，"条件是你们的石油必须包租我在西班牙建造的超级油轮运输。"

在产地，石油价格是比较低廉的，贵就贵在运输费上，难也就难在找不到运输工具，所以石油公司也满口答应，彼此又签订了一份意向书。

由于图德拉的周旋，阿根廷、西班牙和中东国家都取得了自己需要的东西，又出售了自己亟待销售的产品，图德拉也从中获取了巨额利润。细细算起来，这项利润实质上是以运输费顶替了油轮的造价。三笔生意全部完成后，这艘油轮就归他所有。有了油轮就可以大做石油生意，图德拉终于梦想成真了。

这个故事可以给我们很多启迪。所谓生意的成功、财富的积累，并不是只顾实行自己的构想，而是巧妙地运用他人的智慧和金钱来创造自己的事业和财富。

图德拉没掏一分钱，便拥有了一艘油轮，这是因为他深谙"借"的奥妙，善于"借鸡生蛋"，靠自己的"借"功，走上了发财之路。

法国著名作家小仲马在他的剧本《金钱问题》中写过这样一句话："商业，这是十分简单的事。它就是借用别人的资金。"

很少有富人不是白手起家的。世界上有许多巨大财富的起始都是建立在借贷之上的。很多事实证明，聪明的赚钱者充分了解并能利用借贷。富人之所以能够成功，是因为他们深谙"借"的力量。

◎人物简介

希尔顿（1887 年～1979 年），美国旅馆业巨头，人称"旅店帝王"。1887 年生于美国新墨西哥州，曾控制美国经济的十大财阀之一。第一次世界大战期间曾服过兵役，并被派往欧洲战场，战后退伍，之后经营旅馆业。并在 1919 年创建第一家"希尔顿酒店"。希尔顿经营旅馆业的座右铭是："你今天对客人微笑了吗？"希尔顿的"旅店帝国"已延伸到全世界，资产发展为数十亿美元。

第七节　齐瓦勃
——把工作当成事业做

从打工者到创业者

齐瓦勃是伯利恒钢铁公司——美国第三大钢铁公司的创始人，他出生在美国乡村，只受过短暂的学校教育。15 岁那年，一贫如洗的他来到一个山村做了马夫。然而雄心勃勃的齐瓦勃无时无刻不在寻找着发展的机遇。3 年后，齐瓦勃来到钢铁大王卡内基所属的一个建筑工地打工。一踏进建筑工地，齐瓦勃就表现出了高度的自我规划和自我管理的能力。当其他人都在抱怨工作辛苦、薪水低并因此而怠工的时候，齐瓦勃却一丝不苟地工作着，并且开始为以后的发展而自学建筑知识。

一天晚上，同伴们都在闲聊，唯独齐瓦勃躲在角落里看书。那天恰巧公司经理到工地检查工作，经理看了看齐瓦勃手中的书，又翻了翻他的笔记本，什么也没说就走了。第二天，公司经理把齐瓦勃叫到办公室，问他："你学那些东西干什么？"齐瓦勃说："我想，我们公司并不缺少打工者，缺少的是既有工作经验，又有专业知识的技术人员或管理者，对吗？"经理点了点头。不久，齐瓦勃就被升任为技师。

打工者中，有些人讽刺挖苦齐瓦勃，他回答说："我不光是在为老板打工，更不单纯是为了赚钱，我是在为自己的梦想打工，为自己的远大前途打工。我们只能在认认真真的工作中不断提升自己。我要使自己工作所产生的价值，远远超过所得的薪水，只有这样我才能得到重用，才能获得发展的机遇。"抱着这样的信念，齐瓦勃一步步升到了总工程师的职位上。25岁那年，齐瓦勃做了这家建筑公司的总经理。后来，齐瓦勃终于独立建立了属于自己的伯利恒大型钢铁公司，并创下了非凡的业绩，真正完成了从一个打工者到创业者的飞跃，成就了自己的事业。

只想打工的人，只能一辈子打工。把自己当成老板，才能成为真正的老板。

索柯尼石油公司人事经理保罗·波恩顿在过去的20年中，曾面试过7.5万名应聘者，并出版过一本名为《获得好工作的6种方法》的书。有人请教他："今天的年轻人求职时，最容易犯的错误是什么？""不知道自己想要什么。"他回答说。

不要为眼前的利益而放弃追求

打工究竟是为了什么？打工是为了赚钱还是为了发展？我们究竟是该找一个一时能赚大钱的工作，还是找一个一辈子能有所发展的工作呢？

刚毕业时，多数人的想法很简单，为了生存和生计，先找到一个能赚钱却没发展的工作。不管怎样先干一段时间，等待以后再寻找机会。但也许想不到的是，几年后的自己依旧在做同样的工作。

刚开始面对不高的薪水我们心有不满，我们野心勃勃，充满了玫瑰般的梦想，我们要学马云，学张朝阳，我们把工作当作从事事业的必要条件。

当我们干久了这份工作，生活也安逸下来了，和领导的关系也比较好了，待遇也慢慢地好起来了，工作的环境也还可以，我们就很难放弃这份工作了。毕竟出去找工作还是很辛苦的，谁也不愿意放弃这暂时的安逸。

我们可以回过头来看一看，当初我们追求人生事业的那份激情还在不在？做这份工作是在消磨我们的意志，还是能给我们带来更多的东西？事实上，我们不能因为眼前的利益而放弃追求，这会使我们失去得更多。

现任美国家庭产品公司副总裁的卡尔夫，曾经为杜邦公司雇佣过数千名员工，她说："在我看来，世界上最大的悲剧莫过于，有太多的年轻人从来没有发现自己真正想做什么。想想看，一个人在工作中只能赚到薪水，其他的一无所获，这是一件多么可悲的事情啊！"

在熟悉的环境中生活，会使我们失去换一份工作的勇气。我们甚至会简单地认为，也许这就是命里注定的事情吧。当我们自我安慰的同时，就会忘记当初为什么会做这份工作。做一份没有发展前途的工作，是为了解决生计问题，但是解决这个问题之后就必须考虑怎样才能更好地发展。

我们总是有一种习惯，就是一旦适应了一种环境，就很难再去适应另外新的环境，陌生的环境总会给人带来一种不安全的感觉。

当我们习惯了某种工作方式，满足了那样的待遇，对工作也熟悉了之后，一切便都在按部就班的情况下进行了。下班之后，和同事喝喝酒、打打牌、聊聊天，日子就在重复中度过。一天的工作已经很让人疲惫了，未来究竟会怎样，自己又该怎样走，谁又愿意多想呢？

环境很容易改变人，但人却不容易改变环境。

大部分人不知道自己生活的目标，工作上努力不过是一味追求金钱与成就，而一旦达到目标，却发现一切尽属虚空。

关于生活方式、经济能力、工作与休闲以及成就感的来源等生命重大课题，如果没有一个清楚的看法，我们便不知道自己为何活着，沉重的付出只能带来微不足道的意义。

一个有思想、有目标的人，是会选择、会放弃的。人生的每一次经历，都是为自己以后活得更好而做准备、打基础，工作也是如此。不能只把提供薪水当作工作的全部意义。如果你用心地经营它，它可以成为你毕生的事业，让你在财富上获得成功。

当我们解决了生存问题，有了一定的生存资本之后，就该想想我们现在干的事情是否是任何人都能干的，几年之后，行业发展的结果又如何呢？除了我们省吃俭用攒下的钱以外，是否还有其他的收获？

我们不能让大脑变得麻木，判断好未来的方向，才能让我们有更好的出路。当我们对此茫然不知所措时，不妨沉静下来，什么也不做，找一个幽静的地方，认真思考一下自己的过去和未来。聆听自己的心声，发现自己内在的需求，了解自己的个性和能力，向自己提一些简单的问题：

我的梦想是什么？

我对什么最感兴趣？

我做人和做事的价值观是什么？

我具有什么样特殊的天赋？

当初，我们选择了等待和忍耐，但是它们是有目的的。为了我们的梦想做自己想做的事，永远是最重要的。不论我们现在在做什么，梦想和追求都是最重要的。可能现在的境遇还不错，但我们也不应该忘掉自己的梦想和追求。没有了梦想和追求，就会失去人生发展的方向。

生存固然是重要的事情，但是绝不能一辈子都为了生存忙碌。我们应该在开始工作时，就为自己安排一个最好的未来。如果我们今天不做这件事，我们的明天和未来就会变得很糟糕。你现在的决定和选择，将决定你未来的出路是好还是坏。

◎**人物简介**

查尔斯·齐瓦勃（1862 年~1939 年），美国早期工业企业家，曾任卡内基公司与美国钢铁公司总经理，后来又创办伯利恒钢铁公司。成为美国大的钢铁生产商之一。